ぐるっと！原価

公認会計士
吉田延史＝著

すばる舎リンケージ

はじめに

“眠くならない”原価入門!

これから仕事に就く人でも原価の基本がつかめるように

「人はどういった想いで原価の入門書を探しにくるのだろう」

著者は、読者のさまざまなシチュエーションを想像しました。
経理で原価計算の担当となった人、生産管理担当の人、ＩＴ企業に勤めている人……。探しにきた人の意に沿う本にするためには、どのような構成にすればよいのでしょうか。

この本を手に取っていただいた方は、原価についての何かを知りたいというのは明らかです。
しかし、業務が原価とどのように関わっているのかは、企業と部門・担当業務によって千差万別なのです。
そこで本書は、原価の基本的な知識について、ぐるっと大枠をつかんでいただけるように執筆しました。
また、以下の点に注目して解説しています。

①実務に即した言葉や計算手法を解説する
本書は簿記の教科書ではないので、実際の業務において使わないことを解説しても意味がありません。そのため、実務で頻繁に用いられる言葉や概念、計算手法を中心にピックアップして解説しています。

②仕訳は用いない
経理部門にお勤めの方にとっては、仕訳を用いるとわかりやすいかと思いますが、他部門の人やこれから仕事に就く方も想定して、仕訳は全く用いないこととしました。

③ストーリー性を持たせる
原価には複雑な要素があります。入門書といえども、解説すべき項目

のうち、避けて通れないものもあります。
　そこで、読者の理解を助けるために、各章ごとに具体的な人物や会社を登場させて、ストーリー性を持たせることにしました。
　なお、筆者は具体例として登場している業界に詳しいわけではなく、実際に具体例として登場した業界にお勤めの方にとっては、数値などの例が乱暴に見える部分があるかもしれませんが、その点はご容赦ください。

　本書の章ごとの流れは以下のとおりです。

第１章：原価とは何か、原価を知るとどういった良いことがあるのか、について記述しています。

第２章：原価の簡単な分析手順と、原価として登場する主要な費目について解説しています。

第３章：主要な費目別に把握した原価を集計する「原価計算」について、基本となる計算方法を解説しています。

第４章：第３章の原価計算方法の応用編となる計算方法について、利用するメリットとともに解説しています。

第５章：第４章までの解説内容をもとに、仮想の企業での原価改善プロジェクトを見ながら、原価計算の仕組みや改善の考え方について解説しています。実務レベルの具体例を用いているため、若干複雑になっています。難しく感じた場合は、数式や表の意味はひとまず置いておいて、大まかな流れをつかんでいただければ十分です。

また各章末コラムでは、実務的には重要だけれど、入門者にとっては敷居が高いであろう項目について触れています。理解できなくても本章を読み進めるのに支障はありませんので、難しく感じた方は読み飛ばしてしまってもかまいません。

私も、かつてはＩＴ企業に勤めるサラリーマンでした。

そのころに触れた会計の入門書の大半は、読んでいる途中で眠くなってしまったり、途中で読むのをやめてしまったりしたのを思い出します。

そういった「退屈な」入門書にならないように、気を配って執筆したつもりです。

本書が原価を学ぶきっかけとなり、みなさまのお役に立てたなら、著者としてそれほどうれしいことはありません。

2014年11月

吉田 延史

contents

ぐるっと！原価

はじめに──003
"眠くならない"原価入門！

第1章
そもそも「原価」って何？

01 「原価」って何？──016
桃太郎で考える原価

02 桃太郎は得していたのか──018
いぬ・さる・きじにかけたお金は？

03 個人と企業での原価の違い──020
じつは全く違う選択がなされている

04 絶対に必要な原価の知識──022
原価がわからないと本当に困る！

05 損してるのか、得してるのか──024
情報を分析しないとわからない

06 企業の原価も見えにくい──026
損益計算書でもわかりにくい原価

> column1 　原価ってなんで公開してないの？──028
　　　　　　原価の情報は超重要！

第2章
わかる！　見える！
原価計算

07　家計の支払いを見る──030
　　書いて、予算を立てて、積み立てる

08　企業の原価はなぜ見えない──032
　　家計よりもさすがに複雑

09　原価カタログ①──034
　　材料費

10　原価カタログ②──036
　　労務費

11　原価カタログ③──038
　　経費〜外注加工費編

12　原価カタログ④──040
　　経費〜減価償却費編

13　原価カタログ⑤──042
　　経費〜リース料編

14 原価カタログ⑥──044
　　経費〜その他編

15 原価にならない費用──046
　　ズバリ、製造に直接関わらない費用のこと

16 ピラミッドの原価を考える──048
　　架空のピラミッドを作ってみたら

17 重要な原価を漏れなく拾う──050
　　漏れなく、けれど細かすぎず

column2 意外とインパクト大！──052
　　「退職金」と「減価償却費算定の定率法」

第**3**章
原価計算のルール

18 （株）日本公園建設登場！──054
　　架空の会社で見る原価計算の具体例

19 トータルで黒字ならOK？──056
　　案件ごとに見ていくと改善の手が打てる

20 まずは材料を振り分ける──058
材料の単価・使った数量を見る

21 労務費を振り分けよう──060
案件ごとにかかった時間を見る

22 経費を振り分けよう！──062
減価償却費には工夫が必要

23 業績に原価が登場するタイミング──064
売上を計上するときはじめて反映される

24 (株)日本公園建設の振り分け例──066
会社として案件ごとに原価を認識してみる

25 材料費と労務費を振り分ける──068
どんどん細かく振り分けていこう

26 (株)日本公園建設の経費は？──070
外注費・減価償却費・その他経費の振り分け

27 振り分け結果まとめ──072
公園完成時に売上計上すると……

column3 案件別以外の振り分け方──074
製品1つ当たりの原価を把握する場合

個別法以外の単価計算方法──075
業種・業態に合わせた計算方法を

原価計算のルール──076
わかりにくいけど知らなきゃ困る？

第4章 いろいろな原価計算の方法

28 標準原価計算を学ぼう──078
予算と実績を比較する！

29 材料費に標準単価を用いる──080
標準と実績を比較する

30 労務費標準単価──082
労務費も標準を設定する

31 経費標準単価──084
経費ごとに違う標準設定のやり方

32 単価を決めたら、次は数量！──086
標準消費数量・標準作業時間を設定する

33 差異を分析する①──088
費目編

34 差異を分析する②──090
単価ｖｓ数量編

35 トコトン原因を追及しよう──092
Ｃ町案件の赤字は本当に赤字なのか

36 変動費と固定費──094
受注と連動しているか否かで分類する

37 受注しないと赤字が増える?──096
原価計算で仕事を受けるか否か決められる

38 固定費と損益分岐点──098
〝赤字を減らす〟という考え方も大事

39 固定費の性質を知る──100
ときに固定費は不思議な動きをする

40 減価償却費の不思議──102
固定費配賦は操業度の影響を受ける

41 わかりにくい固定費──104
「利益」の捉え方はいろいろ

42 理想の原価計算方法──106
直接原価計算

43 直接原価計算の問題点──108
〝理想〟の落とし穴には要注意

(column4) **粗利と貢献利益**──110
自社での言葉の定義を確認しておこう

第5章 実践してみよう！原価管理

44 **損益改善プロジェクト！**──112
増収なのに減益！？　なんとかしないと！

45 **最初に製造工程を押さえる**──114
醤油の作り方って？

46 **まずは「売上原価明細書」**──116
身近なもので考えればわかりやすい

47 **次に「製造原価明細書」**──118
細かくブレイクダウンすることで見えてくる

48 **材料費の分析**──120
材料を倉庫から出して工程に投入したら

49 **当期材料仕入高の増加**──122
犯人は消費税！？

50 **期末材料棚卸高の減少**──124
棚卸時の差異にも要注意

51 **労務費の増加**──126
労務費明細から原因を見つけよう

52 外注加工費の増加──128
帳簿のつけ方に注意しよう

53 減価償却費の増加──130
原価管理目的と法人税目的で違う計算を

54 原価分析が売上に与える影響──132
消費税も有償支給も実質的な売上ではない

55 分析のまとめ──134
しっかり採算を見直そう

56 次なるミッション！──136
「損益分岐点比率」を下げる！！

57 固定費をイメージする──138
せっかく購入したならたくさん使わないと損？

58 固定費が足かせになる！？──140
固定費が多いほど損益分岐点が上がってしまう

59 損益分岐点比率とは──142
実際の売上高と最低クリアラインの距離を測る

60 損益分岐点比率を下げる方法──144
売上を伸ばす以外にもできることがある

61 損益分岐点を算出する①──146
Show you(株)の損益分岐点は？

装丁・本文レイアウト：遠藤 陽一(DESIGN WORKSHOP JIN)

本文イラスト・図版：吉田 亜由美

第1章

そもそも「原価」って何？

01

「原価」って何？
桃太郎で考える原価

考えたことある？　「きび団子」の原価

原価のことを詳しく説明していく前に、誰もが知っているおとぎ話「桃太郎」から話を始めましょう。

桃太郎は一人で鬼退治に出かけますが、途中いぬ・さる・きじにきび団子を分け与えて、彼らを仲間に引き入れます。

最初にこの話を聞いたときには、子供心にも「きび団子をあげるだけで、仲間になってくれるなんて、桃太郎は得したなぁ」と思いました。

しかし、本当にそうなのでしょうか。もしかしたら、きび団子には相当な高級食材が使われていたり、作るのにかなりの手間暇をかけていたりするかもしれません。また、単に「得したなぁ」というだけでは、大儲けなのか、少し儲かったのか、そのあたりがよくわかりません。

桃太郎が得たもの	：仲間（いぬ・さる・きじ）
桃太郎が失ったもの	：きび団子×３
損得	：？

何かを作るためにかかったお金が「原価」

我々は普段から損得を話しますが、実はそうしたときには色々な要素が入り交じっています。

「台風で学校が休みになって得した」「宴会の一発芸いつもやらされて、俺って損な役回りだわ」「早起きは三文の得」など、いずれも損得について語っていますが、これらは原価の話をするときの損得とは違います。

原価とは、「何かを作るためにかけたお金を集計したもの」です。

では、原価における損得とはどのようなものなのか、最高級きび団子を例にして次節で見ていきましょう。

損したか得したかは原価を見ないとわからない

02

桃太郎は得していたのか
いぬ・さる・きじにかけたお金は?

最高級きび団子の作り方

食べるだけで仲間になってくれるきび団子は、高級食材で有能なパティシエに作ってもらう必要がありますが、それにはどのくらいの原価がかかるのでしょうか。

その前に、きび団子の作り方を知っておく必要があります。どんな材料で作るのでしょうか。調べてみると、以下のように作るそうです。

(1)材料（1人分）

きび･･･50g　　　砂糖･･･6g

(2)工程

① お米のようにといで、水に一晩つける。

② ミキサーで挽いて、脱水のため絞る。

③ 砂糖を加えて練って、ゆでる。

費用がわからないと得かどうかわからない

きびについて、有機栽培の雑穀店でみたところ、50gで170円くらいでした。砂糖は高級食材として知られる和三盆を使いましょう。調べたところ6gだと、だいたい20円でした。3人分作るためには3倍の食材費がかかりますね。

パティシエの給料もかかります。3人分をまとめて作ったとして、だいたい2時間くらいあればできるでしょうか。

8時間労働で職人単価で日給100,000円としたら、「100,000円×2時間÷8時間＝25,000円」です。

調べた結果をまとめると右ページのようになります。25,570円となりました。このくらいの出費で3人おともができるなら、やはり得だったといえるでしょうか！？

超高級きび団子……損？　得？

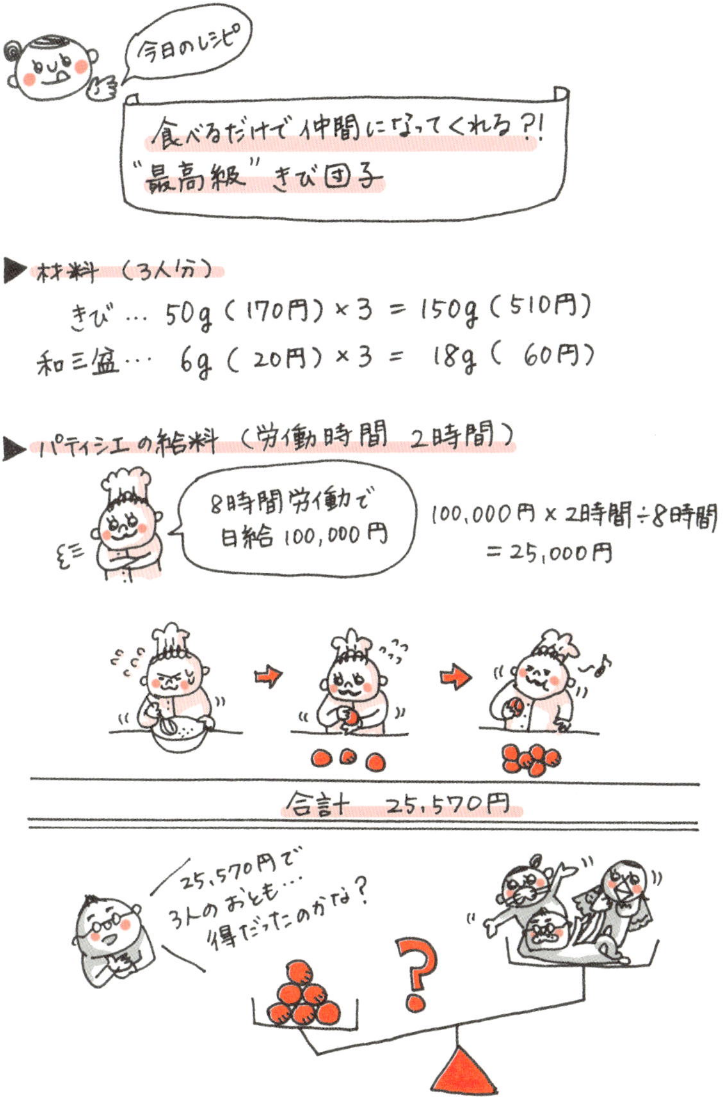

今日のレシピ
食べるだけで仲間になってくれる?!
"最高級"きび団子
▶材料（3人分）
きび… 50g（170円）×3 ＝ 150g（510円）
和三盆… 6g（20円）×3 ＝ 18g（60円）
▶パティシエの給料（労働時間 2時間）
8時間労働で
日給 100,000円
100,000円 × 2時間÷8時間
＝25,000円
合計 25,570円
25,570円で
3人のおとも…
得だったのかな？
?

03

個人と企業での原価の違い
じつは全く違う選択がなされている

個人の場合は嗜好や満足度で出費が選択されやすい

桃太郎のきび団子で、原価がどういったものかをざっくり見たところで、身近な生活での出費について考えてみます。

今日、家で晩酌するためにお酒を買いに行くとしたら、みなさんは「500円の缶ビール」「2,000円のウィスキー」「10,000円の高級ワイン」のどれを選びますか？

選ぶ人の嗜好にもよりますし、今日どんな気分かにもよるでしょう。個人の場合には、満足できるかどうかを判断基準として、出費が選択されます。その結果、同じように酔っぱらうにしても、高いものを選ぶこともあれば、安いものを選ぶこともあります。

企業は売れるために必要な原価を選択している

企業は、家計と違って利益を得るために活動しています。そして利益は以下の式で表されます。

利益＝売上ー原価

働く人の嗜好やその日の気分によって、原価が変わることはありません。利益を増やすためにはどうすればよいか、働く人が色々考えて、原価が選択されていくこととなります。

ただ、そうは言っても、闇雲に原価を安くすればいいというものではありません。きび団子を安い食材で作ってしまうと、グルメなきじは仲間になってくれないかもしれません。

その点、企業活動は、原価という観点だけで見れば、「売れるために必要な原価を選択していく活動」と言うことができます。

個人は好き嫌いで、企業は利益を得るために

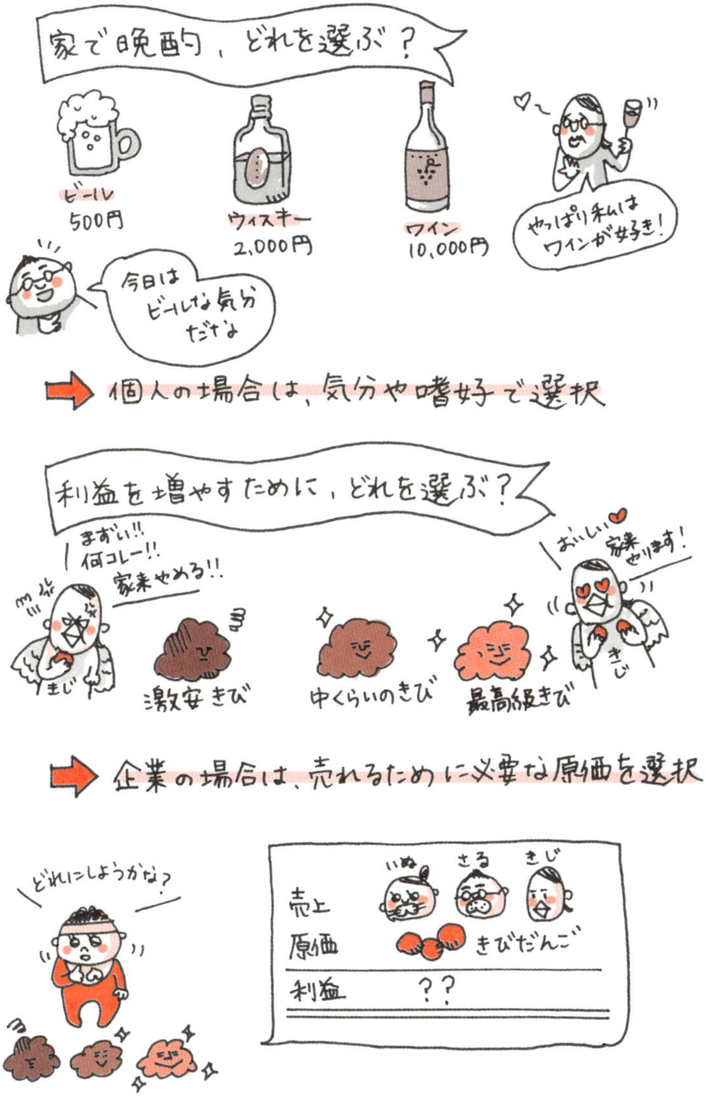
家で晩酌、どれを選ぶ?
ビール
500円
ウィスキー
2,000円
ワイン
10,000円
やっぱり私はワインが好き!
今日はビールな気分だな
個人の場合は、気分や嗜好で選択
利益を増やすために、どれを選ぶ?
まずい!! 何コレー!! 家来やめる!!
きじ
激安きび
中くらいのきび
最高級きび
おいしい 家来なります!
きじ
企業の場合は、売れるために必要な原価を選択
どれにしようかな?
いぬ
さる
きじ
売上
原価
きびだんご
利益
??

04

絶対に必要な原価の知識

原価がわからないと本当に困る!

原価を知らないと仕事にならない！？

サラリーマンは経営者と違って利益が増えても、給料が大きく増えることは少ないかもしれません。それなのに、サラリーマンが原価を意識する必要はあるのか疑問に思われる方もいるかも知れません。

でも、原価が把握できないと、営業の人は商品をどこまで値下げできるのかわかりません。また、工事など見積もりが必要な商品の場合には、見積書が作れません。

製造部門に勤めている人にとっては、部品供給業者と一生懸命価格交渉しても、原価を把握していないと、どのくらい成果が上がったのか分からず、人事評価ができません。

管理部門では、半期や通期の業績を役員に報告することになりますが、適当に原価を計算していると、昨年度と比較して業績が良かったのか・悪かったのかを説明できません。

管理職は原価を深く理解しなければならない

このように、企業が適切に原価を把握できないと、各部門で困ったことが起きるようになります。組織の構成員として、原価について知ることは非常に大切です。

また、管理職になると自分が統括する部署の売上や原価について、責任を持つことになります。

たとえば、赤字のセクションについて改善策を練るとしても、原価がわからなければ、原因が完全にはつかめず、適切な指示を出せません。人事評価も正しい原価理解のもとで平等なものさしを使わないと、不公平なものとなってしまいます。そのためにも、原価についての深い理解がより一層重要になってくるのです。

原価がわからなければ正しい判断ができない！

05

損してるのか、得してるのか
情報を分析しないとわからない

通帳だけでは損か得かわからない

みなさんは、家計簿をつけていますでしょうか。

私は、会計をなりわいとしていますが、自分の収支となると、１ヶ月にどのくらいお金を使ったのか、よくわかりません。

たまに通帳を見て、支払いが収入を上回っていないかどうか確かめる程度です。

通帳だけを見てわかることは、限定的です。たとえば通帳の１ページを右に示しましたが、

8月25日	給与	＋200,000円
8月27日	クレジットカード	△51,440円
8月27日	家賃	△98,000円
8月30日	キャッシュカード	△30,000円

という記帳された内容を見ても、どこかに無駄があったのか、普段より使いすぎているのかといったことはわかりっこありません。

無駄や、使いすぎを把握するためには、もっと情報を入手して分析する必要があります。

具体的にはクレジットカード利用通知・レシート・飲み代や昼食費のメモなどを整理して、記録する必要があります。

無駄使いも現状認識しないとわからない

みなさんは家計簿をつけていますか？
私はたまに通帳記入をしている
程度です
普通預金
摘要
お支払い
お預り
8-25 給与 200,000
8-27 クレジットカード △51,440
8-27 家賃 △98,000
8-30 キャッシュカード △30,000
これを見ても、
どこに無駄があったのか
よく分からないわね
ああ…ゲーム代が
ムダかも…
レシート等
無駄・使いすぎを把握するには、
情報分析をする必要があります。

06

企業の原価も見えにくい
損益計算書でもわかりにくい原価

収支だけでは儲かっているのかわからない

家庭と同様に、企業でも何もしないと原価を適切に把握することができません。

仮に原価を適切に計算しておらず、私のように通帳だけしか情報がない企業があったとして、右ページの企業版預金通帳を見ると、収支としてはプラスであることがわかりますが、これでは本当に儲かっているのかどうかすらわかりません。

また、私の場合と同じように、無駄があるのかどうかもわかりません。

損益計算書だけでは原価が見えてこない

実際には、企業は「損益計算書」という利益計算資料を必ず作っています。お勤めの会社が上場企業であれば、「決算短信」という名称でホームページ等に開示されていますので、ぜひ一度ご覧になるといいでしょう。

自社の損益計算書が見られない方のため、右ページにも一例を出しておきます。

損益計算書は、会社全体の活動で儲かったのか損したのかはわかりやすいものですが、原価について知るという点では不十分です。

右の例では、「売上原価」という一行に集約されてしまっており、良し悪しを語りようがありません。

もっと情報収集をしないと、分析に資する数字にはならないのです。

では、企業では、どうすれば原価が見えるようになるのでしょうか。次章でくわしく見ていきましょう。

家計より、さらにわかりづらい企業の損得

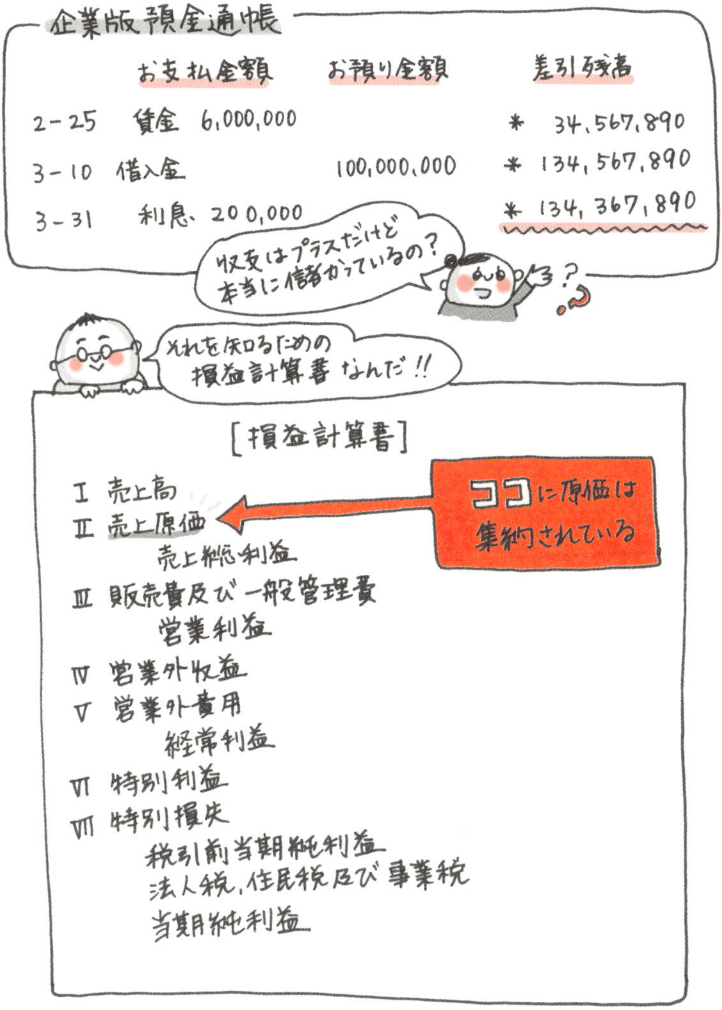
企業版預金通帳
お支払金額
お預り金額
差引残高
2-25 賃金 6,000,000
＊34,567,890
3-10 借入金
100,000,000
＊134,567,890
3-31 利息 200,000
＊134,367,890
収支はプラスだけど本当に儲かっているの？
それを知るための損益計算書なんだ!!
［損益計算書］
Ⅰ 売上高
Ⅱ 売上原価
売上総利益
Ⅲ 販売費及び一般管理費
営業利益
Ⅳ 営業外収益
Ⅴ 営業外費用
経常利益
Ⅵ 特別利益
Ⅶ 特別損失
税引前当期純利益
法人税、住民税及び事業税
当期純利益
ココに原価は集約されている

column 1

原価ってなんで公開してないの?
原価の情報は超重要!

きび団子の原価がばれていたら……

原価情報は会社にとって、大変重要な機密情報であり、外へ漏れてしまうと商売に重要な問題をきたします。

たとえば、本章で例えに用いた「桃太郎」において、いぬ・さる・きじが、もしきび団子の原価を知っていたらどうなるでしょうか。

最高級きび団子を用意したとしても、桃太郎はいぬ・さる・きじの3匹を合わせても約25,000円しか使っていません。

家来になるかどうかは、お金だけで判断することでもありませんが、これでは3匹ともがっかりするかもしれませんね。

原価が漏れると損をする可能性もありますよ!

当たり前の話ですが、我々が普段購入する商品は、買う値段よりも原価の方が低いはずです。

仕事でも、実際に購入する金額より低い原価を知ったお客さんは、がっかりすることも多く、値下交渉されてしまうかもしれません。

そのため、原価は外部に漏らさないようにする必要があります。

第2章

わかる！　見える！
原価計算

07

家計の支払いを見る
書いて、予算を立てて、積み立てる

まずはわかりやすい「家のこと」で考える

企業での原価について詳しく見ていく前に、家計ではどのように分析するのかを見ていきましょう。

家計の教科書を読んでみたところ、うまくやりくりするためには、以下のような取り組みをするようです。

（1）毎月同額発生する支払いを書き出して、見直す。
例：夫の小遣いを月５万円から月３万円にする。

（2）それ以外の生活費については、費目別に先月の実績や知人の家計を参考にして月々の予算をたてて、実績と比較・分析する。
例：「食費４万円」「ゲーム費２万円」などと予算設定して、実績が予算を超過した場合には、超過した理由を分析する。ゲーム費の実績が５万円と多すぎるので、２万円に抑えられるように努力する。

（3）毎月発生しない特別な支払いについては、別に年間で予算をたてて、給与とボーナスから積み立てておく。
例：お年玉５万円やスキー旅行代10万円などからなる特別な支払い年間合計56万円について、ボーナスから10万円、給料から３万円積み立てる。

（1）～（3）の取り組みは、いずれも気が重いものですが、分析することによって支払いがだいぶ見えるようになりましたね。

じつは、家計での分析を企業での原価分析にも生かすことができます。次節では、企業の原価についてみていきましょう。

まずは家計を分析してみよう!

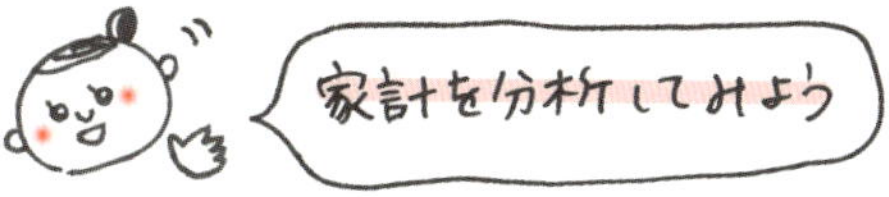
家計を分析してみよう

(1) 毎月同額発生する支払いを書き出して、見直す。

うん、
夫の小遣い
見直そ
あ…
まって…
あー！

(2) それ以外の生活費を費目別に予算をたてて、
実績と比較・分析。

予算		実績
食費 4万円	→	食費 3.8万円
ゲーム費 2万円	→	ゲーム費 5万円

OK!
…

(3) 特別な支払いは別に予算をたて、
給与とボーナスから積み立てておく。

お年玉 5万円
スキー旅行 10万円
⋮
合計 56万円
毎月、積み立てて
おかなくちゃ

08

企業の原価はなぜ見えない

家計よりもさすがに複雑

会社の原価も考え方は家計と似ているが……

家計での取り組みを企業の原価低減にも当てはめることができます。

（1）毎月定額で発生する原価を書き出して見直す。

例：支給携帯電話をスマートフォンからフィーチャーフォンに変更して、通信費を月20万円削減した。

（2）それ以外の原価については、費目別に先月の実績や他社情報を参考にして月々の予算をたてて、実績と比較・分析する。

例：時間外給与の基準となる残業時間について、部署別に月別推移表を作成して、残業時間が多くなっている場合には改善案を考えた。

（3）毎月発生しない特別な原価については、別に年間で予算をたてて、毎月の原価計算に織り込む。

例：夏賞与支給1200万円を見込んで６ヶ月で均等に原価計算に織り込むべく、毎月200万円原価算入しておく。

考え方については、家計の場合とそれほど違いがありませんが、企業のお金の使い方はいろんな人で分担して決めているため、原価を把握するのが大変です。また、企業の取引には、いろいろな取り決めがあったり、税金など法律で義務付けられた支払があったりするため、取引の内容が複雑になります。

複雑な原価を把握するためには、原価がどういったもので構成されているのかを体系的に理解する必要があります。次節からは、「原価カタログ」と題して、主要な原価の構成要素を網羅的に見ていきましょう。

家計よりちょっと複雑な企業の原価

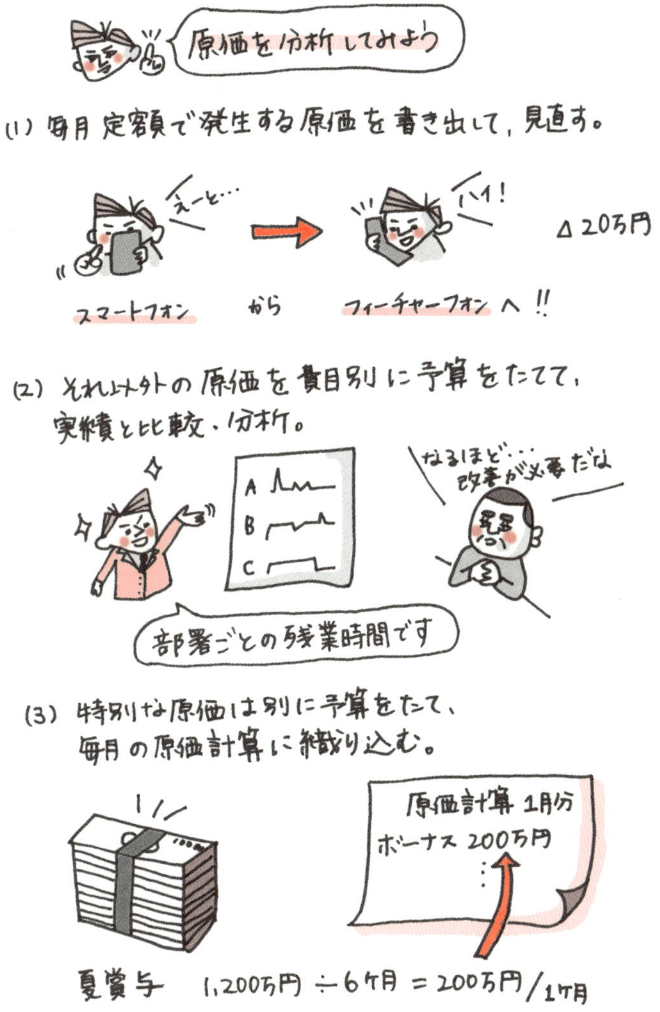
原価を分析してみよう
(1) 毎月定額で発生する原価を書き出して、見直す。
えーと…
ハイ！
△20万円
スマートフォン　から　フィーチャーフォン　へ!!
(2) それ以外の原価を費目別に予算をたてて、
実績と比較・分析。
A
B
C
なるほど…
改善が必要だな
部署ごとの残業時間です
(3) 特別な原価は別に予算をたて、
毎月の原価計算に織り込む。
原価計算 1月分
ボーナス 200万円
夏賞与　1,200万円 ÷6ヶ月 = 200万円/1ヶ月

09

原価カタログ①
材料費

一番わかりやすい原価「材料費」

原価として真っ先に思い浮かぶのは材料費でしょう。

形のあるものを製造するならば、必ず何らかの材料を仕入れることとなります。材料費は、以下の式で表されることになります。

材料費＝単価×使った数量

あたり前のようですが、材料費を２つの要素に分解するのは重要です。それぞれ以下のような資料で把握していくこととなります。

（1）単価

注文書や納品書、請求書などによって、購入単価を把握します。

なお、消費税は仕入業者に支払ったあと、税務署から還付されることとなりますので、消費税抜きの単価を使用します（この後で出てくる取引でも同様です）。

（2）使った数量

製造時の材料払出記録などによって、使った数量を把握します。材料の種類別に記録します。

材料費について考えてみる

カタログ
原価カタログ①　材料費
材料費＝単価×使った数量
(1) 単価
石材 @10万円
フム
注文書、
納品書や
請求書で単価
を把握
(2) 使った数量
今日は300個
使った…っと。
材料払出記録
などで使った材料を
把握
ねぇー
何作ってるの？
…。
その格好は
ヒント？

10

原価カタログ②
労務費

お給料も原価です！

製造に従事している人の労務費も重要な原価の構成要素です。

まずは、労務費として実際にはどういった費用が企業で発生するのか、主要な費目を把握しましょう。

（1）時間内給与：通常の社員の月給です。

（2）時間外給与：社員の残業代です。

（3）賞与：ボーナスのことです。

（4）雑給：派遣社員やアルバイトに支給する給与です。

（5）法定福利費：社員の社会保険料（健康保険・厚生年金保険などの公的な保険制度の保険料を指す。日本ではほぼ全員の加入が義務づけられている）は、「労使折半」と言って、社員と会社でだいたい半分ずつ負担しますので、そのうちの会社負担分が費用となります。だいたい年収の15%ぐらいの会社追加負担があります。

以上を見ていただけばわかるとおり、企業の労務費は月給や残業代だけではありません。

このほか、退職金も労務費となります（詳細については、章末コラム参照）。

労務費について考えてみる

原価カタログ② 労務費
年間労務費 主に(1)〜(5)の合計
労務費の主要な費目
(1) 時間内給与
(2) 時間外給与
(3) 賞与
酒
(4) 雑給（派遣社員やアルバイトの給与）
お先に失礼します
おつかれー
(5) 法定福利費
会社
社員
社会保険料
労使折半で半分ずつ負担

11

原価カタログ③
経費～外注加工費編

まずは「外注加工費」から

原価のうち、材料費と労務費以外を経費と呼びます。経費のうち、重要なものとして、まずは外注加工費をみていきましょう。

みなさんはコイン精米機をご存知でしょうか。玄米10kgを投入し100円を払うと、白米にしてくれます。これがまさに外注加工のイメージとなります。自分で調達した玄米と加工賃を渡して、加工してもらって必要な材料・部品を入手するのです。

この外注加工ですが、材料を無償で支給する場合と有償で支給する場合があります。

（1）無償支給

コイン精米機のように、材料を無償で渡して加工賃だけを払う取引形態です。この場合、加工賃がそのまま外注加工費となります。

（2）有償支給

玄米のように安い材料ならそれほど気になりませんが、例えば１個100万円で購入した高額部品を無償で渡してしまうと、万一加工の際に業者が壊してしまったら、トラブルになる可能性があります。

こういったことを防止するため、例えば部品を支給するときに100万円もらっておいて、加工してもらった部品を110万円（うち加工賃は10万円）で購入することがあります。

この取引形態を有償支給と呼びます。この場合は110万円を材料費とすることが一般的です。

外注加工費について考えてみる

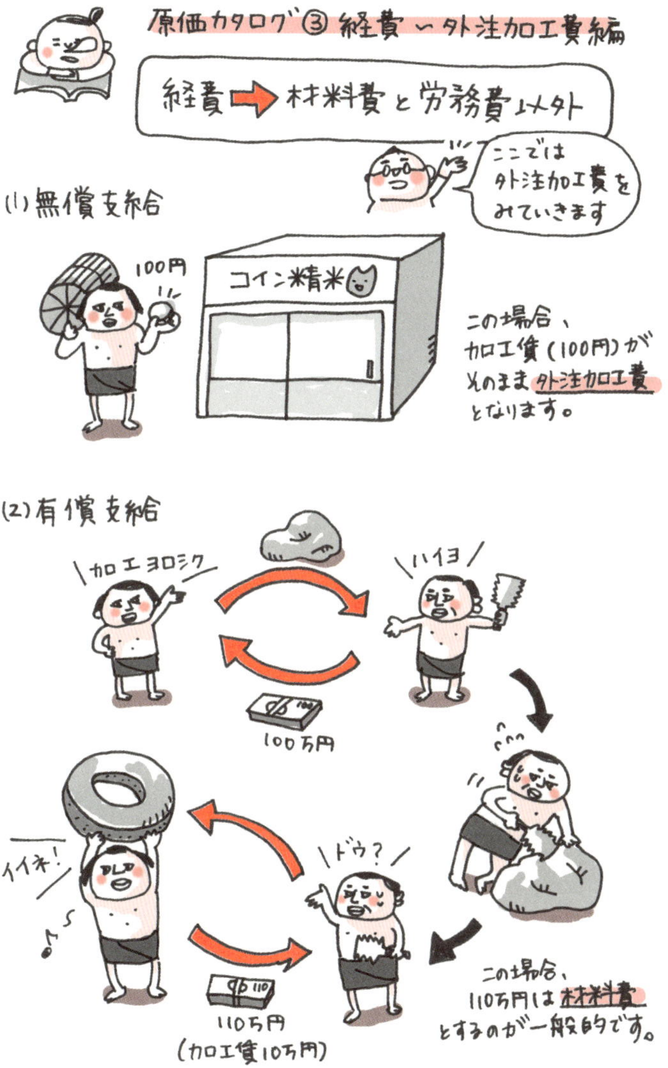

原価カタログ③ 経費〜外注加工費編
経費 → 材料費と労務費以外
ここでは
外注加工費を
みていきます
(1) 無償支給
100円
コイン精米
この場合、
加工賃(100円)が
そのまま外注加工費
となります。
(2) 有償支給
加工ヨロシク
ハイヨ
100万円
ドウ？
イイネ！
110万円
(加工賃10万円)
この場合、
110万円は材料費
とするのが一般的です。

12

原価カタログ④
経費～減価償却費編

高額で長期間利用するものに適用する減価償却

次に減価償却費について見ていきましょう。

仕事をしていると、製造のために、高額の機械を利用することがあります。

私が大学生のときアルバイトしていた企業は、クレジットカード利用明細書の封筒を作る機械を使っていました。各自の利用明細書を折って、チラシを入れて、封筒に入れて、糊付けするところまでは、全部機械がやってくれます。アルバイトはチラシの補充をやります。１日で1000通以上の封筒ができあがるのですが、利用していた機械は１億円以上するという噂でした。

こういった高額で長期間利用する機械などの資産は、固定資産と呼ばれます。仮にその固定資産を１億円で購入したとして、その利用分はどのように原価を認識すればいいのでしょうか。

これには減価償却という仕組みを利用します。ルールを決めて、長期間にわたって原価認識していくのです。

減価償却のルールはいろいろありますが、まずは単純な定額法を押さえましょう。定額法では、「減価償却費＝取得価額÷耐用年数」という算式で原価を求めます。耐用年数とは使用可能期間を指します。

先ほどの機械の耐用年数を４年と仮定した場合には、年間の減価償却費は「１億円÷４年＝2,500万円」となります。

定額法では４年間同じ金額（2,500万円）が年間原価となります。この他に重要な減価償却方法としては定率法があります（詳細は章末コラム参照）。

ちなみに、ソフトウェアのような形のないものであっても、高額であれば固定資産となり、減価償却費が認識されます。

減価償却費を理解する

（定額法の）

減価償却費＝取得価額÷耐用年数

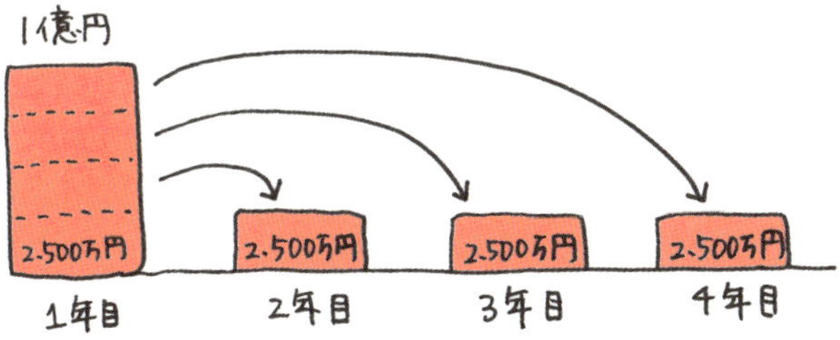

13

原価カタログ⑤
経費〜リース料編

まとまったお金が無くても利用できる「リース」

固定資産を購入する代わりにリースを使うことも、よくあるかと思います。

ここでは、典型的なリース取引の仕組みを押さえておきましょう。通常リース会社からリースする場合には、以下のような条件がつきます。

（1）購入とは違って、固定資産はリース会社の資産となります。

（2）利用者は、リース会社に毎月資産の使用料を支払いますが、通常のレンタル契約と違って、長期間利用者が独占的に利用し、中途解約はできないようになっています。

固定資産を購入するとなるとまとまったお金が必要となりますが、リースならば、毎月の支払いで資産を利用できるため、広く利用されています。

経費としては、リースはその契約の性質によって、２つのパターンに分類されて、認識されます。

（1）資産を購入しないが、限りなく購入に近い契約のため、固定資産を購入したとみなして、前節と同じように減価償却費で原価認識する方法。

（2）購入したとみなすほどではない契約のため、リース料として原価認識する方法。

リース料を理解する

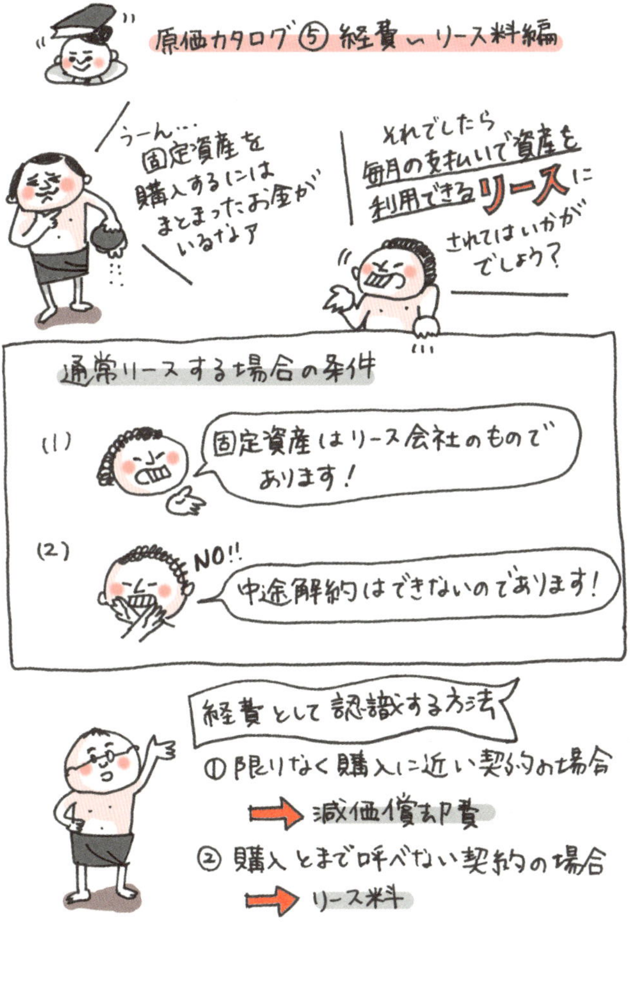
原価カタログ⑤ 経費〜リース料編
うーん…
固定資産を
購入するには
まとまったお金が
いるなア
それでしたら
毎月の支払いで資産を
利用できるリースに
されてはいかが
でしょう？
通常リースする場合の条件
(1)
固定資産はリース会社のものであります！
(2)
NO!!
中途解約はできないのであります！
経費として認識する方法
① 限りなく購入に近い契約の場合
減価償却費
② 購入とまで呼べない契約の場合
リース料

14

原価カタログ⑥
経費～その他編

その他の代表的な経費を知っておこう！

これまで説明したものの他に重要な経費としては、以下があります。

（1）水道光熱費：電気代、水道代等の費用を指します。

（2）旅費交通費：交通費を指します。

（3）修繕費：機械や設備等を修繕した場合の費用を指します。なお建物に非常階段を取り付けるなど機能改善がある場合には、固定資産として扱われ、減価償却費が認識されます。

（4）保守料：使用している機械・設備の保守点検のための費用です。

（5）運賃荷造費：製造のための部品等を運ぶための費用です。

（6）賃借料：工場の場所や機械などを賃借するときの費用です。リース料も賃借料として処理する場合があります。

（7）租税公課：工場の固定資産税など製造設備に関する税金です。なお、法人税・消費税はここには含まれません。

（8）福利厚生費：社員食堂の運営や、クラブ活動、慶弔見舞金など社員のために支出する費用を指します。法定福利費とは異なり、法律で定められたものではなく、企業が規程等の社内ルールによって支出するものです。

その他の経費はどんなもの？

カタログ
原価カタログ⑥経費～その他編
他には以下のような経費があります
(1) 水道光熱費
(2) 旅費交通費
(3) 修繕費
(4) 保守料
(5) 運賃荷造費
(6) 賃借料
For Rent
(7) 租税公課
製造設備に
関する税金
(8) 福利厚生費
「となり、いい？
社員食堂など、社員のために
支出する費用のこと

15

原価にならない費用

ズバリ、製造に直接関わらない費用のこと

原価以外の費用を押さえておこう

これまでは、原価カタログを見てきましたが、最後に原価とならない費用について見ていきましょう。簡単に言うと、製造部門に関係しない費用が該当します。代表的なものは以下のとおりです。

（1）販売費

①営業部門の労務費・経費

営業マンの給与、広告宣伝費、完成品の保管料、運賃荷造費などが該当します。これらは、原価にはなりません。

②貸倒損失

得意先の倒産によって発生する貸倒損失は原価になりません。

（2）一般管理費

①研究開発費

新製品の開発に要する材料費・労務費・経費は、原価となりません。

②管理部門の労務費・経費

総務部など会社全体のための管理部門の労務費や会計ソフトの減価償却費が相当します。これらは、原価となりません。

（3）その他の損益

①支払利息

借入金利息は、資金調達コストのため原価にはなりません。

②固定資産の売却損益

製造用の機械を使用しなくなったことにより、売却するして生じた損益は、原価となりません。

③法人税・住民税・事業税

法人税・住民税・事業税は、その大半が利益に対して課税されます。これも原価にはなりません。

原価にならない費用って?

原価にならない費用

つまり、
製造部門に関係しない費用のこと

(1) 販売費

① 営業部門の労務費経費

ピラミッド
つくりませんか?
え?ウン、ヨロシクー

② 貸倒損失

ファラオ…
ごめん
払えないデース

(2) 一般管理費

① 研究開発費

フフフ…
不老不死の薬を
つくって!

② 管理部門の労務費・経費

総務部

(3) その他の損益

① 支払利息、
② 固定資産の売却損益
③ 法人税・住民税・事業税

その他にこんな
費用も
原価には
なりません

16

ピラミッドの原価を考える
架空のピラミッドを作ってみたら

ピラミッドの原価を集計する

章の最後に具体例として、ピラミッド（高さ150m、幅と奥行き300m）の建築工事原価について、考えてみましょう。

＜工程＞

①大きな石材を４万個（１個10万円）調達します。

②石材を建築現場まで100頭のらくだ（１頭400万円）で運びます。らくだの耐用年数は20年で、ピラミッド製造のために10年利用することとします。

③建築現場で１m四方の石材20万個を切り出します。切り出しは業者に依頼（無償支給、１個あたりの加工費２万円）します。

④100頭のらくだを再度使って、石を移動させてひとつづつ積んでいきます（積む際の労働者に対する労務費は全部で50億円）。

⑤一番上まで石を積み上げたら完成です。

＜工事原価＞

①材料費･･･石材10万円×40,000個＝40億円

②労務費･･･石を積む労働者に対する労務費50億円

③経費（外注加工費）･･･２万円×200,000個＝40億円

④経費（減価償却費）･･･400万円×100頭÷20年×10年＝２億円

合計：132億円

となります。数値はどれも適当なものですが、原価集計のイメージがつかんでいただけるかと思います。

たとえばピラミッドの原価は……

ピラミッドの建築原価を考える
150m
300m
300m
材料費
×　4万個　=　40億円
10万円
労務費
50億円
経費
（外注加工費）
2万円 × 200,000個 = 40億円
（減価償却費）
400万円×100頭×10年÷20年
=2億円
合計　132億円

17

重要な原価を漏れなく拾う

漏れなく、けれど細かすぎず

原価を集計するときに大切な2つのこと

原価を集計するときに、大切なことは以下の２点です。

（１）漏れなく集計されていること

原価は漏れなく集計されていないと、売価決定や原価低減のための基礎資料として、不完全なものとなってしまいます。

ピラミッドの建造では、原価132億円だったため、140億円で受注したら利益が出ると考えられますが、もしも集計漏れがあったら赤字となってしまう可能性があります。

カタログを見ながら、集計対象となる費目に漏れがないかを確認していく必要があります。

（２）あまり細かいものまで、集計しすぎないこと

実際の仕事では、実にさまざまな原価が発生し、全てを集計するのは容易なことではありません。

ピラミッド建設のために、設計図面を郵便でやりとりして合計１万円発生したとしましょう。この郵便代は理論的には製造経費となり原価を構成します。

しかし、原価に集計して132億円の原価を132億１万円に修正しても、大きな影響がないことは明らかでしょう。

こういった細かい費用は、むしろ集計対象としないほうが、原価情報としてわかりやすくなります。

重要なものだけ漏れなく拾おう!

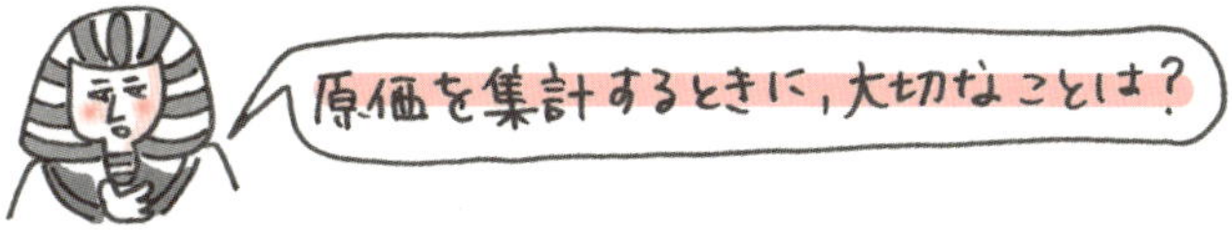

原価を集計するときに、大切なことは?

(1) 漏れなく集計されていること

もれはないかな?

(2) あまり細かいものまで集計しすぎないこと

あれもこれも入れるのかな?
重要なものだけ集計しましょう

column 2

意外とインパクト大!
「退職金」と「減価償却費算定の定率法」

労務費〜退職金

第10節で見た労務費のうち、退職金も会社によっては重要な費目となります。そこで、退職金が原価に与える影響を確認しておきます。

まず、退職金制度は法律で創設が強制されるものではないため、退職金制度のない会社もあります。退職金は退職した時以降に支払われますが、それは長年の労働に対する対価であり、働いているうちに労務費として認識します。

退職金は任意の制度であるがゆえに、企業によって様々な制度があることから、費用となる金額も目安はありません。

減価償却費〜定率法

第12節で見た減価償却費は、定額法で計算していました。ここでは、もう一つの重要な減価償却方法である定率法を取り上げます。同じ機械を例に挙げます。

機械購入金額：１億円　　　　耐用年数：４年

定率法では、「減価償却費＝まだ減価償却していない金額×決まった率」という式により減価償却費を計算します。決まった率は耐用年数別に設定されており、耐用年数４年の場合は0.5となります。実際に、１年目と２年目の減価償却費を計算すると以下のようになります。

＜1年目＞

まだ減価償却していない金額＝１億円

１億円×0.5＝5,000万円

＜2年目＞

まだ減価償却していない金額＝１億円−5,000万円＝5,000万円

5,000万円×0.5＝2,500万円

定率法では減価償却費は、毎期一定額とならず、最初にたくさん費用計上されることになります。

第3章
原価計算のルール

18

(株)日本公園建設登場!
架空の会社で見る原価計算の具体例

架空の会社で原価計算を具体的に見ていこう

第３章では、より実務に近づけるために架空の株式会社に登場してもらいましょう。

公園の造成専門業である(株)日本公園建設は、市区町村から依頼を受けて、公園の設計施工を行う会社です。

ブランコなどの遊具は各メーカーから調達して、協力業者の職人に作業を依頼しつつ建設現場の管理監督を行っています。

またブルドーザーは自社保有していて、土地の造成に利用します。

(株)日本公園建設メンバー紹介

施工部門では、３人が当社従業員として現場作業に従事します。

甲課長･･･部門責任者であり、全ての現場に顔を出す。また、受注までの営業部門のサポート・部門長会議の出席などがあり、現場作業時間は多くない。

乙主任･･･入社６年目のベテランであり、２つの案件の現場責任者を同時並行で処理している。

丙さん･･･入社２年目であり、乙主任現場の手伝いと１つの小さい案件の現場責任者を担当している。

(株)日本公園建設の仕事の流れ

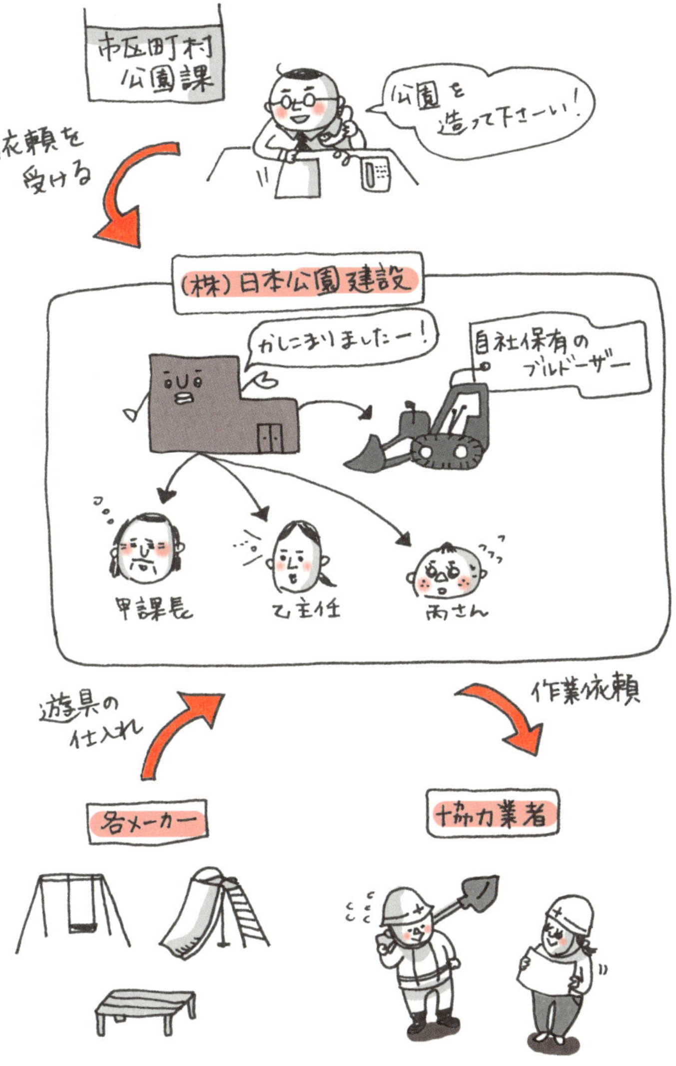
市区町村
公園課
公園を造って下さーい！
依頼を受ける
(株)日本公園建設
かしこまりましたー！
自社保有のブルドーザー
甲課長
乙主任
丙さん
遊具の仕入れ
作業依頼
各メーカー
協力業者

19

トータルで黒字ならOK？
案件ごとに見ていくと改善の手が打てる

原価を販売する単位ごとに分ける

第２章では原価の対象を見てきました。仮にみなさんの会社の業務が、ピラミッド建築のような、全社一丸となってひとつの案件に取り組むタイプであれば、すでに原価の見える化は達成できています。第２章で把握した原価と売価を比較して採算管理ができますし、費目別に予算を設定しておけば、予算と実績の対比を行うことができます。

しかし実際には、そういった会社はまれで、複数の案件・製品を並行して製造していると思います。そういった場合、原価を振り分ける作業が必要となります。

黒字案件と赤字案件を分けて見る

(株)日本公園建設の場合の売上と原価を右に挙げました。全体を見ると、辛うじて黒字を確保していますが、これだけでは採算改善に向けてどのように行動していけばいいのかわかりません。

通常、採算は案件ごとや製品ごとに分けて管理します。本章では、振り分け方法について、以降で細かく見ていきますが、先に振り分けの結果を示しておきます。

現在、(株)日本公園建設では３つの案件が進行中です。振り分けの結果、A区・B市案件は黒字ですが、C町案件は赤字になっていることがわかりました。そこでC町案件に何か問題があったかどうかを検討していくことになります。

このように、案件ごとに分割するための方法について、本章で見ていきましょう。

原価の振り分けで問題点も見えてくる!

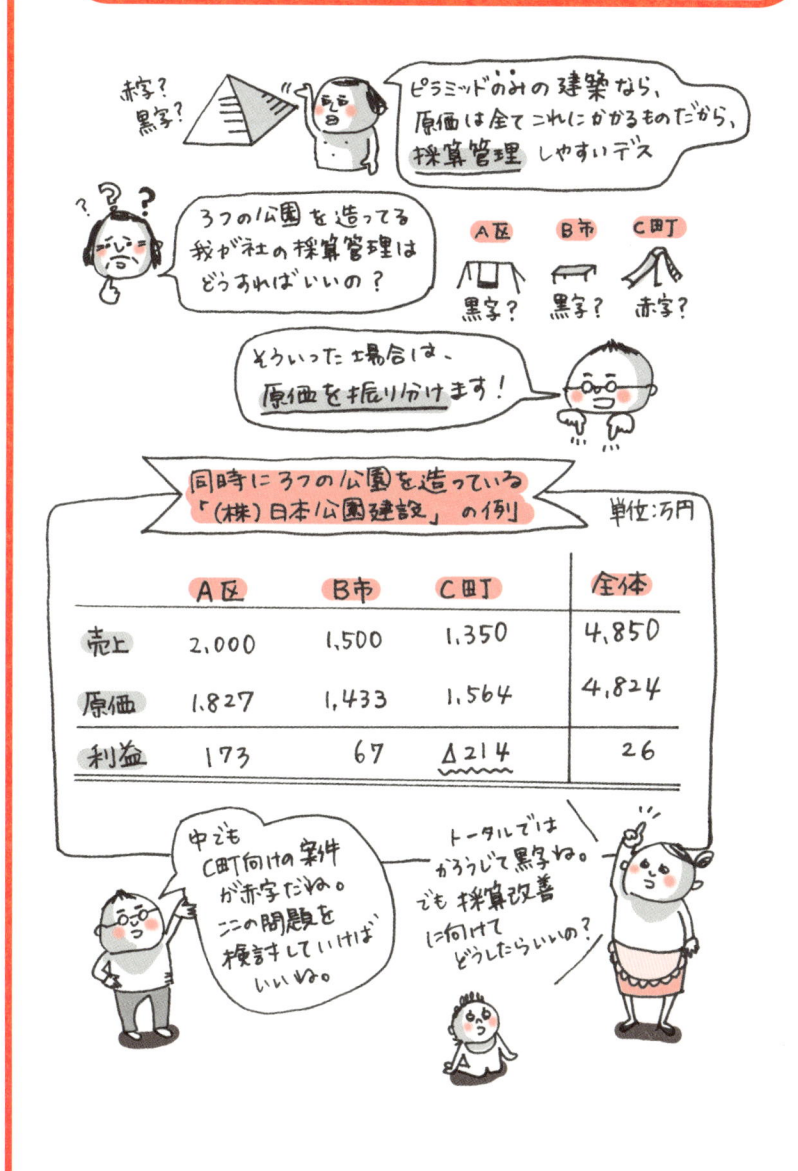

赤字?
黒字?
ピラミッドのみの建築なら、
原価は全てこれにかかるものだから、
採算管理しやすいデス
3つの公園を造ってる
我が社の採算管理は
どうすればいいの?
A区
B市
C町
黒字?
黒字?
赤字?
そういった場合は、
原価を振り分けます!

同時に3つの公園を造っている
「(株)日本公園建設」の例

単位:万円

	A区	B市	C町	全体
売上	2,000	1,500	1,350	4,850
原価	1,827	1,433	1,564	4,824
利益	173	67	△214	26

中でも
C町向けの案件
が赤字だね。
ここの問題を
検討していけば
いいね。
トータルでは
かろうじて黒字ね。
でも採算改善
に向けて
どうしたらいいの?

20

まずは材料を振り分ける
材料の単価・使った数量を見る

原価の振り分け　材料費編

材料費のうちメインの材料についてみていきましょう。材料は各社向けの案件に、個別対応することが多いです。

材料費＝単価×使った数量

でした。そこで単価、使った数量について、それぞれ振り分けをみていきましょう。

(1)単価

毎回同じ単価で購入していれば簡単なのですが、価格が日々変動するものもあります。身近な例でいくと、野菜は安いときと高いときがありますね。

こういった時の振り分けに困らないように、会社ではルールを定めて、単価を決定するようにしています。(株)日本公園建設では個別法を採用しています。個別法はシンプルな方法で、ひとつひとつの購入金額をそのまま原価とする方法です(その他の単価決定方法については、章末コラム参照)。

(2)使った数量

使った数量については、特に難しいことはなく、各材料種類別に使った数量を記録して集計していきますが、膨大な種類の材料を使用する業態の場合には管理するための仕組みが必要となります。

振り分けにはルールと仕組みが欠かせない

原価の振り分け　材料費編

材料費 ＝ 単価 × 使った数量

(1) 単価 ➡ 使う単価のルールを決めている

昨日は100円だったのにー！
だいこん 200円
どれで計算するかは、企業でルールを決めてるんだよ
やおや
毎日価格が変わる場合、どの価格で計算すればいいの？

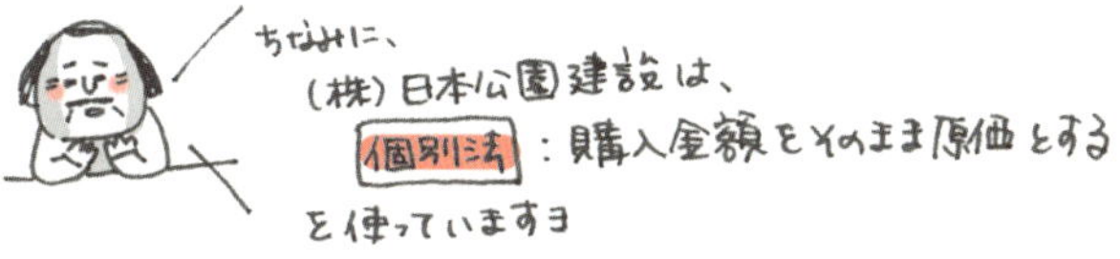

ちなみに、
(株)日本公園建設は、
個別法：購入金額をそのまま原価とする
を使っていますヨ

(2) 使った数量 ➡ 種類別に使った数量を記録・集計

オホホホ…
あれも入れて
これも入れて…
記録がおいつかないヨー
膨大な種類がある場合は、管理するための仕組みが必要だね

21

労務費を振り分けよう

案件ごとにかかった時間を見る

原価の振り分け　労務費編

労務費は基本的には、以下の式で計算します。

労務費
＝社員の年間労務費×各案件の製造に従事した時間／年間労働時間

年間労務費の中身については、第２章で見ましたので、時間について見ていきましょう。

各案件にかかった時間は申告してもらって集計する

「各案件の製造に従事した時間」は、通常各自から時間を申告してもらって集計します。日報や工数管理システムなどの名称で、定期的に報告を求める仕組みを備えている会社が多いです。

なお、研修参加や移動時間など、原価に無関係な時間も含めて勤務時間の全てを入力してもらうのが、オーソドックスなルールです。

右に一例を示しておきます。作業日・得意先名・案件名・作業時間は必須項目でしょう。

「年間労働時間」も上のシステムから集計すれば、把握できます。

ちなみに土日祝日や年末年始などを除いた１年間の平日日数はだいたい240日くらい、正社員の１日の勤務時間は定時ベースだと７～８時間です（会社ごとに定時の勤務時間は違います）。

各案件に従事した時間を集計しよう

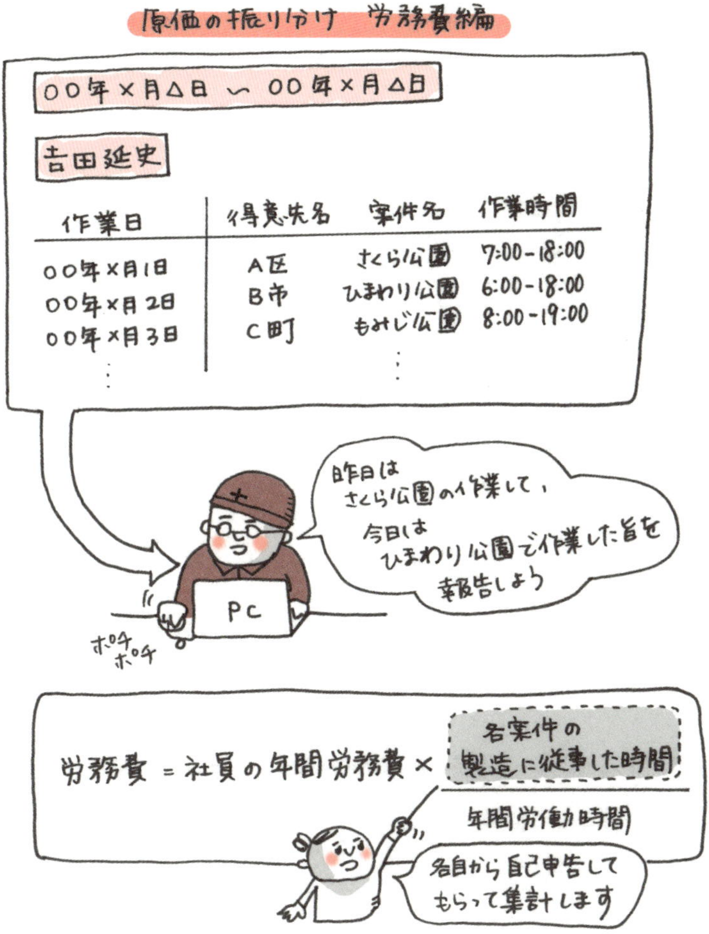
原価の振り分け 労務費編
〇〇年×月△日 〜 〇〇年×月△日
吉田延史
作業日 得意先名 案件名 作業時間
〇〇年×月1日 A区 さくら公園 7:00-18:00
〇〇年×月2日 B市 ひまわり公園 6:00-18:00
〇〇年×月3日 C町 もみじ公園 8:00-19:00
昨日はさくら公園の作業して、今日はひまわり公園で作業した旨を報告しよう
PC
ポチポチ
労務費 = 社員の年間労務費 × 各案件の製造に従事した時間 / 年間労働時間
各自から自己申告してもらって集計します

22

経費を振り分けよう!
減価償却費には工夫が必要

原価の振り分け　経費編

次に経費について見ていきます。

経費のうち、外注加工費については、たいていそれぞれの案件に個別対応するため、材料費と同様に振り分けます。

それ以外の経費は、個別対応させることができません。(株)日本公園建設のブルドーザーを例にして、考えてみましょう。ブルドーザーは2,200万円で購入しました。これを４年間利用すると見積もって、定額法で減価償却することとします。そうすると、年間減価償却費は

2,200万円÷４年間＝550万円

となります。ブルドーザーは全ての案件で利用するので、減価償却費は外注加工費と違って、どの案件向けで550万円利用したのか個別対応しないことが、わかります。

〝配賦基準〟は合理的に選択する

では、どうするのかというと、何らかの基準によって550万円を案件別に振り分けていきます。例えば、機械を稼働させた時間で振り分けます。

各案件に振り分ける経費＝年間経費×それぞれの案件で稼働させた機械時間／年間機械総稼働時間

この振り分けのことを「配賦」と呼び、上の例で言うところの機械稼働時間のことを「配賦基準」と呼びます。配賦基準は機械稼働時間の他、受注金額・材料費・工員の作業時間・生産量などがよく採用されます。各費目別に把握しやすく、合理的なものを選ぶとよいでしょう。

ブルドーザーの減価償却費はどう考える？

原価の振り分け　経費編
うちのブルドーザーの減価償却費みたいに
案件別に振り分けにくい経費って
どうすればイイの？
2,200万円のブルドーザーを4年間利用
減価償却費（定額法）　2,200万円÷4年間＝550万円/年間
この550万円を
どうすればイイの？
例えば、
ブルドーザーを稼働させた時間で
振り分けます
各案件に振り分ける経費＝年間経費×それぞれの案件で稼働させた時間/年間機械総稼働時間

23

業績に原価が登場するタイミング
売上を計上するときはじめて反映される

売上計上タイミングは業種・業態によって違う

商談開始から完成・販売まで、様々な場面で原価を把握するニーズがあります。ところで、損益計算書などの会社の業績資料に原価が反映されてくるのは、どのタイミングなのでしょうか。

答えは、売上を計上するタイミングです。売上を計上するまでは、原価は発生していたとしても、業績には反映されません。

売上計上は顧客からの依頼された仕事を完了させて、対価請求が可能となった時点でなされます。会社ごとに、自社の業務内容を考慮して、売上計上タイミングをルールとして定めています。代表的なものは以下のとおりです。

・出荷基準　　：製品を完成させ出荷した段階で売上とする
・検収基準　　：顧客から検収を取った段階で売上とする
・工事進行基準：長期で大規模な工事の場合、工事の進捗に併せて受注金額を部分的に売上とする

売上計上前の原価は「資産」として認識する

なお、売上計上前に発生した原価は以下の種類別に貸借対照表で資産として、把握されます。

・材料　：製造工程投入前の材料
・仕掛品：製造中のもの、建設業では未成工事支出金と呼ばれる
・製品　：完成したもの

売上が確定しないと原価計上できない!

唐突ですが…
原価ちゃん劇場
①
売上くんが来ないと
損益計算書に
載れない原価ちゃん
もぉー
売上くん、遅いなァ…
原価
②
おまたせ〜♪
さあ、損益計算書に
載ろうか!
売上
原価
うん♥
ぴょん
③
損益計算書号
PL
ナンノコッチャ
売上
原価
無事、損益計算書に載れた
原価ちゃんなのでした。
つづく

24

(株)日本公園建設の振り分け例
会社として案件ごとに原価を認識してみる

実際の原価の振り分け①

ここまでに説明したことを(株)日本公園建設の例で見ていきましょう。

＜受注情報＞

	A区案件	B市案件	C町案件	合計
完成予定	来年４月	今年９月	来年２月	
受注金額	2,000万円	1,500万円	1,350万円	4,850万円

会社全体での原価は、下の通り認識していますので、それを振り分けていきましょう。

（1）材料費

ブランコ（A区公園向け１台、C町公園向け１台）

ベンチ（A区公園向け２脚、B市公園向け４脚、C町向け３脚）

すべり台（B市向け１基）

（2）労務費

当社従業員甲課長、乙主任、丙さんが現場監督等に従事した。

（3）経費

外注費：各遊具の設置は協力業者に依頼した。

減価償却費：土地整備のためブルドーザーを使用した。

その他の経費を含め、原価の金額まとめ表は下記の通り

材料費　　金額（万円）

ブランコ：900　ベンチ：180　すべり台：500

労務費

甲課長：820　乙主任：640　丙さん：600

経費

外注費：1,100　減価償却費：550　リース料：100

水道光熱費：80　旅費交通費：95　修繕費：40　保守料：12

運賃荷造費：8　賃借料：70　租税公課：9

合計：5,704

材料費・労務費・経費を各案件で振り分ける!

全体像
実際に原価を振り分けてみよう！①
A丘
B市
C町
材料費
×1
×1
×2
×4
×3
×1
労務費
甲課長
乙主任
丙さん
経費
外注費
減価償却費
その他経費

25

材料費と労務費を振り分ける

どんどん細かく振り分けていこう

実際の原価の振り分け②〜材料費・労務費編

（1）材料費は、材料費＝単価×使った数量でした。

今回の例では、特に解説することもありません。それぞれの遊具でかかった分だけ、適切に各案件に振り分けます。

(2)労務費

「労務費＝社員の年間労務費×製造に従事した時間／年間労働時間」でした。

そこで計算のために必要な、社員の時間データを入手しましょう。以下のとおりでした。

	A区案件	B市案件	C町案件	それ以外	合計
甲課長：	60時間	20時間	10時間	1,590時間	1,680時間
乙主任：	1,000時間	600時間	0時間	200時間	1,800時間
丙さん：	0時間	400時間	1,500時間	100時間	2,000時間

これをもとに、各案件別に労務費を計算します。例えばA区向けの甲課長の労務費は

820万円×60時間／1,680時間＝29万円

となります。同じ計算を繰り返して、各案件別の労務費を集計します。

例の場合には、各案件向け以外の時間もあることに注意しましょう。それ以外の時間は、例えば受注活動や研修を受ける時間などが考えられます。これらの時間は、原価に算入しません。

材料ごと、人ごと、案件ごとに振り分けよう！

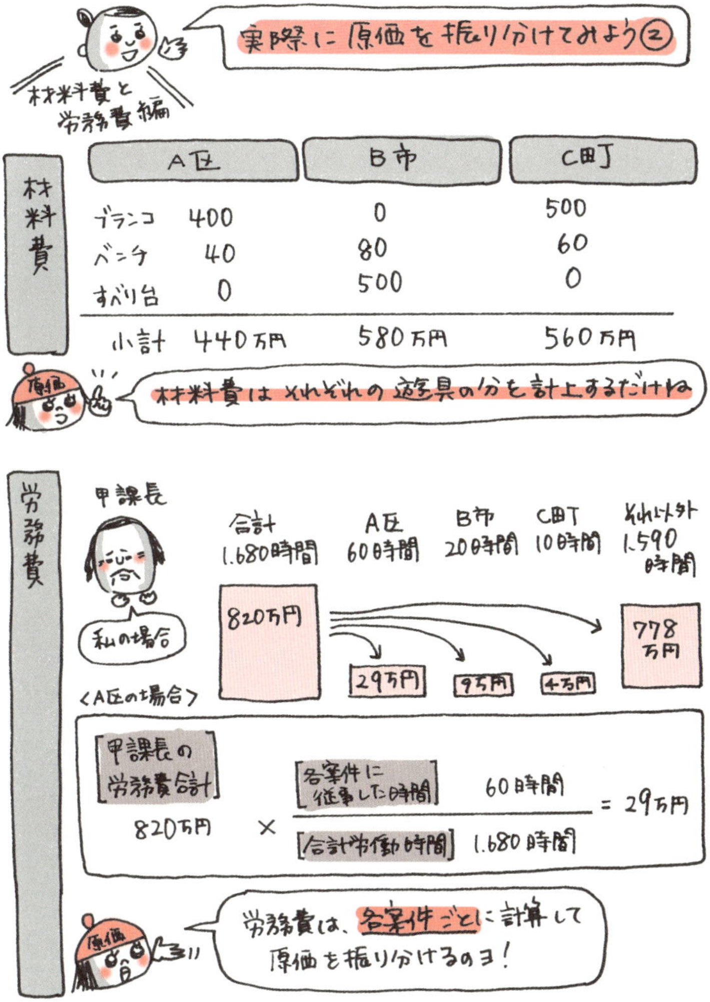
実際に原価を振り分けてみよう②
材料費と労務費編
材料費
A丘 B市 C町
ブランコ 400 0 500
ベンチ 40 80 60
すべり台 0 500 0
小計 440万円 580万円 560万円
原価
材料費はそれぞれの遊具の分を計上するだけね
労務費
甲課長
私の場合
合計 1,680時間
A丘 60時間
B市 20時間
C町 10時間
それ以外 1,590時間
820万円
29万円
9万円
4万円
778万円
<A丘の場合>
甲課長の労務費合計 820万円
×
各案件に従事した時間 60時間
合計労働時間 1,680時間
= 29万円
原価
労務費は、各案件ごとに計算して原価を振り分けるのヨ！

26

(株)日本公園建設の経費は？
外注費・減価償却費・その他経費の振り分け

実際の原価の振り分け③～経費編

経費のうち、外注費は材料費と同じように個別に振り分けることができます。右の請求書をもとに、３つに振り分けましょう。

その他の経費は、「各案件に振り分ける経費＝年間経費×配賦基準消費量／配賦基準総量」という算式で振り分けるのでした。

減価償却費の振り分けは機械稼働時間で

減価償却費は、実際の機械稼働時間で配賦しましょう。そのために稼働時間データを入手します。

	A区案件	B市案件	C町案件	合計
稼働時間：	100時間	200時間	300時間	600時間

例えば、A区向けへの振り分け金額は「550万円×100時間／600時間＝92万円」となります。

その他の経費の振り分けは、案件の受注金額で

その他の経費も同じように算定することとなりますが、全部足しても減価償却費よりも小さいため、まとめて配賦することとしましょう。

高額の受注案件の方がたくさん経費を使っていると考えて、受注金額を配賦基準として配賦します。

例えば、A区向けへの振り分け金額は、「414万円×2,000万円／4,850万円＝171万円」となります。

細かい経費も振り分けよう!

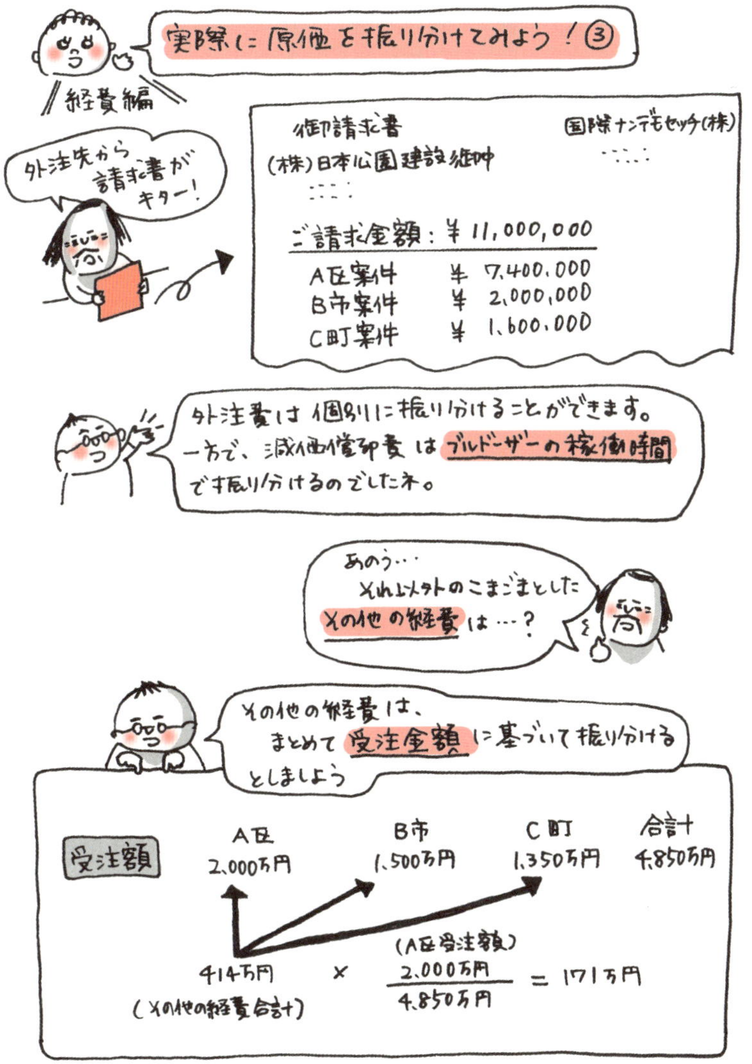
実際に原価を振り分けてみよう！③
経費編
外注先から請求書がキター！
御請求書
国際ナンデモセッチ(株)
(株)日本公園建設御中
ご請求金額：¥11,000,000
A区案件 ¥7,400,000
B市案件 ¥2,000,000
C町案件 ¥1,600,000
外注費は個別に振り分けることができます。一方で、減価償却費はブルドーザーの稼働時間で振り分けるのでしたネ。
あのう… それ以外のこまごまとした その他の経費は…？
その他の経費は、まとめて受注金額に基づいて振り分けるとしましょう
受注額
A区 2,000万円
B市 1,500万円
C町 1,350万円
合計 4,850万円
414万円 (その他の経費合計) × (A区受注額) 2,000万円 / 4,850万円 = 171万円

27

振り分け結果まとめ
公園完成時に売上計上すると……

来期の業績になることもある

ここまでの計算結果をまとめると、以下のようになります。

	Ａ区案件	Ｂ市案件	Ｃ町案件	（単位：万円）
売上	2,000	1,500	1,350	
原価				
材料費	440	580	560	
労務費				
甲課長	29	9	4	
乙主任	355	213	0	
丙さん	0	120	450	
経費				
外注費	740	200	160	
減価償却費	92	183	275	
その他	171	128	115	
合計	1,827	1,433	1,564	
利益	173	67	△214	

最後に、業績に登場するタイミングについても、例で確認しておきましょう。原価が業績上登場するのは、売上を計上するタイミングでした。

(株)日本公園建設は公園が完成したタイミングで売上計上するルールとしており、３月決算会社だとすると、

	Ａ区案件	Ｂ市案件	Ｃ町案件
完成予定：	来年４月	今年９月	来年２月

上記完成予定から、Ａ区案件については、来期の業績に反映されます。Ｂ市案件は今年９月のため、当上期（今年４月～９月）の業績に反映されます。Ｃ町案件については、当下期（今年10月～翌年３月）の業績に反映されます。

売上計上と業績反映のタイミング

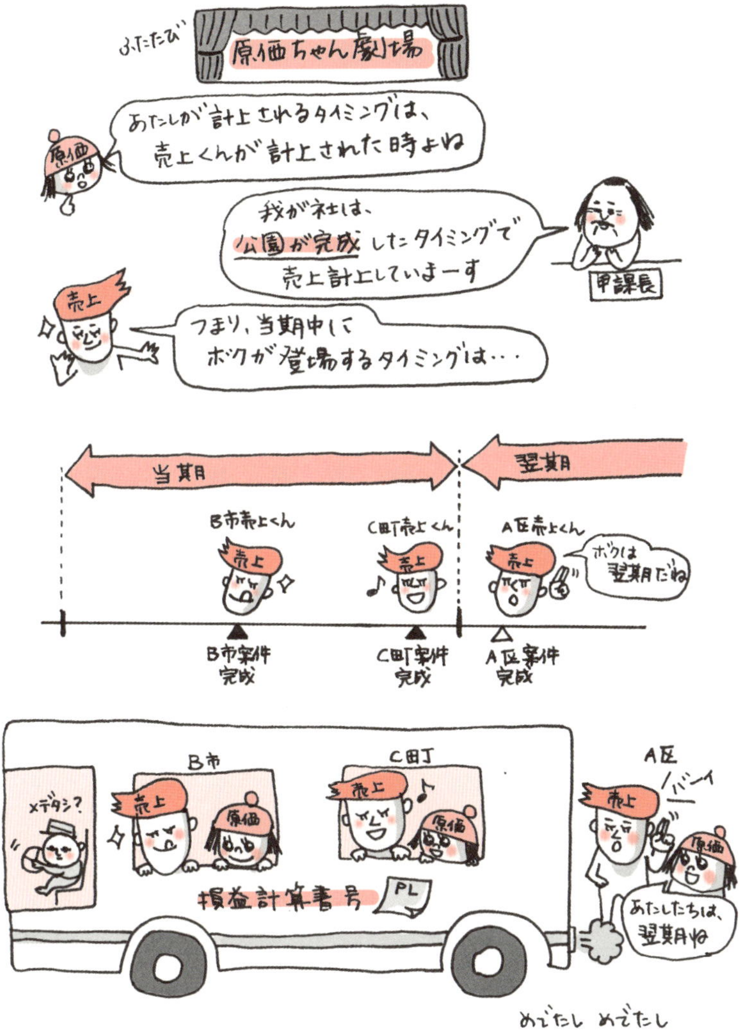

column 3

案件別以外の振り分け方
製品1つ当たりの原価を把握する場合

「総合原価計算」とは？

本章では、案件別に原価を振り分ける方法を紹介しました。
この計算方法は「個別原価計算」と呼ばれ、原価計算の基本となる方法です。

一方、お菓子やおもちゃなど、たくさん同じものを作って売る業態の場合には、製品1つあたりに値段設定しているため、製品1つあたりの原価を把握することが有用です。
そのための原価計算の方法を「総合原価計算」と呼びます。シンプルに言えば、

製品1つあたりの原価＝集計した原価÷製造した数量

で計算できます。

たとえば、あるおもちゃを100個作るのに100万円かかった場合、

製品1つあたりの原価＝100万円÷100個＝1万円

となります。

ただ、実際には、「仕掛品」の問題などがあって複雑です。
総合原価計算は個別原価計算の応用であるため、原価をどのように振り分けるのかをつかむためには、まずは本章でも説明した個別原価計算から理解するのがよいでしょう。

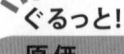

column 3

個別法以外の単価計算方法
業種・業態に合わせた計算方法を

「材料費」の単価計算方法いろいろ

本書では、材料費の単価計算方法として「個別法」を取り上げました。ここでは個別法以外の主要な単価計算方法を簡単に紹介します。

①先入先出法
先に入庫したものから、順番に出庫したと考えて単価を計算する方法

②移動平均法
購入したときに、在庫と購入したものの平均を取って、単価を計算する方法

③総平均法
ある期間に買った金額の合計を買った個数で割って、単価を計算する方法

④最終仕入原価法
最後に買った単価を用いる方法

個別法以外にも、以上のような計算方法があります。
それぞれの具体的な計算方法は複雑になってしまうため、本書では割愛します。
単価計算は、自動化されていることが多く、在庫管理システムを導入したり、仕様変更したりする際にはよく知っておく必要があります。

column 3

原価計算のルール
わかりにくいけど知らなきゃ困る?

「原価計算基準」とは?

原価計算のルールは、「原価計算基準」にまとめられています。

製造方法が変わったり、情報システムが高度化したりしていますが、原価計算の基準は昭和37年に大蔵省企業会計審議会が設定して以降、一度も更新されていません。

また、分量も20ページ程度であり、本書よりもずっと少ないです。

しかし、分量が少ないから読みやすいかというと、決してそうではありません。

表現は的確なのですが、具体例が載っていなかったり、ある程度の原価に関する知識を前提としたりしているため、多くの人にとってはむしろ読みにくいと思います。

古今東西、原価の解説書はこの基準をわかりやすく説明したものです。

最終的には、原価計算基準に記載のある内容が理解できれば、原価計算マスターと言えるでしょう。

第4章

いろいろな原価計算の方法

28

標準原価計算を学ぼう

予算と実績を比較する!

実際にかかった原価を計算する「実際原価計算」

第３章までで、原価計算の基本的な方法を学びました。

この基本的な方法を「実際原価計算」と呼びます。すなわち、実際にかかった原価を集計したり、振り分けたりすることによって、案件・製品ごとの原価を把握する計算が実際原価計算です。

第４章では、より具体的なシチュエーションで有用な原価計算の手法を見ていきましょう。

例として、引き続き第３章でも出てきた架空の会社、(株)日本公園建設に登場してもらいます。

予算を立てて分析する「標準原価計算」

第３章までの分析結果で、C町案件の採算が悪いことがわかりました。そこで、C町案件のどこに問題があるのかを調査することとなりました。

調査するときには、事前に予算を立てておいて、実績と比較するのが有用です。

予算を立てて分析していく手法を「標準原価計算」と呼びます。これについて次項から見ていきましょう。

C町案件の問題点を調査しよう

第3章までは、実際にかかった原価を計算する
実際原価計算をご紹介しました。
第4章では、より具体的な手法をご紹介します！
話は再び（株）日本公園建設に戻ります。
我が社の
C町案件の採算が悪いのは
分かったけど、何が問題だったのだろう？
甲課長
そこで、どこに問題があるのか探るべく、
ワタクシたちが
調査することに
なりましたのよ〜〜!!
ニュッ
乙主任
コ…コワイ…
丙さん
調査する方法
しかし、
どうやって調査したら
いいのかしらぁ〜？
それ…
やめて…
POINT!!
調査をするときは、
事前に予算を立てておいて
実績と比較するのが有用です！
この手法を標準原価計算と呼びます。

29

材料費に標準単価を用いる

標準と実績を比較する

材料ごとの実現可能な単価を設定する

まずは、材料費の標準単価を設定しましょう。

標準単価は、過去の取引実績を参考にして決定しますが、過去の最安値を設定するわけではなく、通常の商取引での交渉によって実現可能な単価とします。

(株)日本公園建設の調達材料標準単価は下のように設定されました。

ブランコ：420万円
ベンチ　：20万円
すべり台：500万円

設定した標準単価と実際にかかった金額を比較する

実績が出たら標準単価と比較します。

C町向けのブランコ代は、標準単価420万円に対して、実際単価が500万円で、80万円の予算オーバーです。

これについて、改善を検討していくこととなりました。

これから少しずつ複雑になりますが、標準を設定して実際と比較し、問題点をあぶりだすという流れは変わりません。

わかりにくくなってきたら、この材料費の例に立ち返るといいでしょう。

なぜ!?　ブランコが高い!!

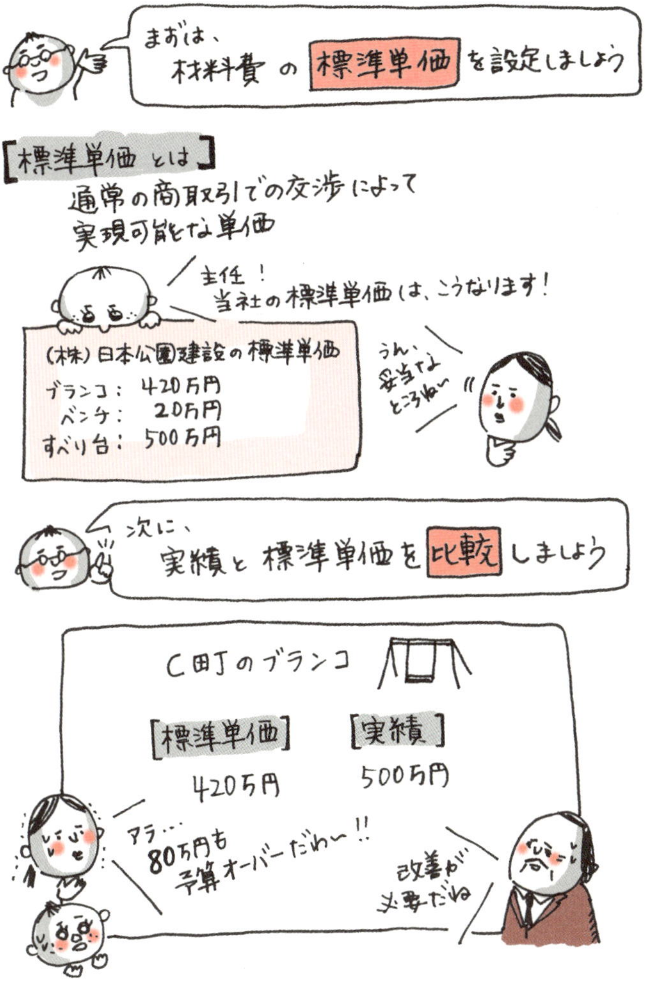
まずは、
材料費 の 標準単価 を設定しましょう
[標準単価 とは]
通常の商取引での交渉によって
実現可能な単価
主任！
当社の標準単価は、こうなります！
(株)日本公園建設の標準単価
ブランコ： 420万円
ベンチ： 20万円
すべり台： 500万円
うん、
妥当な
ところねー
次に、
実績と 標準単価を比較しましょう
C田丁のブランコ
[標準単価]
420万円
[実績]
500万円
アラ…
80万円も
予算オーバーだわ〜!!
改善が
必要だね

30

労務費標準単価
労務費も標準を設定する

労務費にも標準単価を用いる

前節では、材料費に標準単価を用いました。同じように労務費にも標準単価を用いることが有用です。

労務費の計算式は、「労務費＝社員の年間労務費×製造に従事した時間／年間労働時間」でした。

この計算式のうち、「社員の年間労務費／年間労働時間」を標準単価として設定します。

この標準単価はよく「賃率」と呼ばれます。

例として、丙さんの賃率を設定してみましょう。

丙さんに対して、年間労務費540万円、年間労働時間1,800時間を見込むとして、

（1時間あたり）賃率＝540万円÷1,800時間＝3,000円

となります。つまり、丙さんが1時間作業を行うと、3,000円原価が増えることとなります。

賃率設定のいろいろ

例では個人に対して賃率の設定を行いましたが、一般的には給与テーブルなどからグループ分けして、グループごとに賃率を設定することが多いです。

小さい企業であれば、グループ分けをせずに会社全体で賃率を設定して、誰が活動しても同じ賃率とすることもあります。

労務費の標準単価を算出しよう!

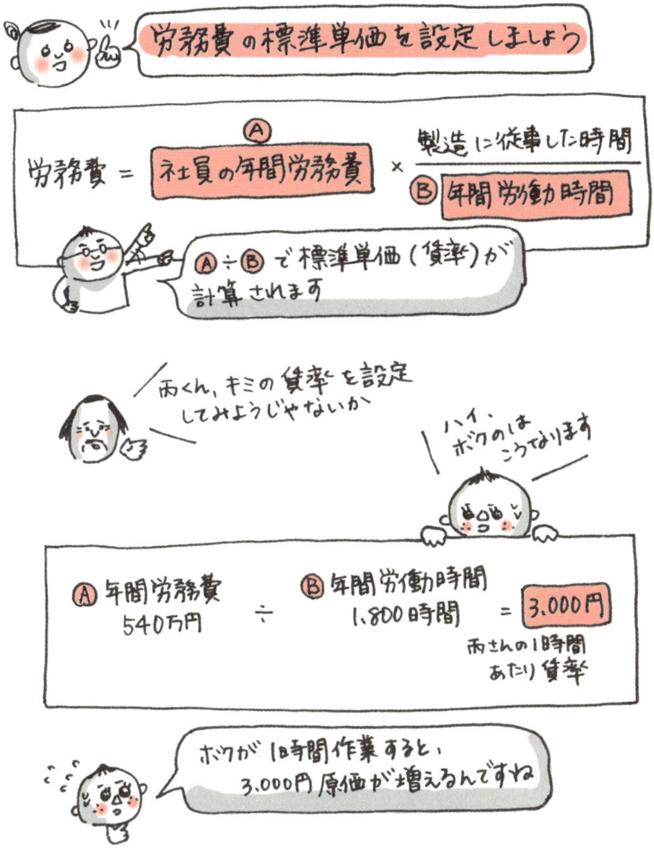
労務費の標準単価を設定しましょう
労務費 = Ⓐ 社員の年間労務費 × 製造に従事した時間 / Ⓑ 年間労働時間
Ⓐ÷Ⓑ で標準単価(賃率)が計算されます
雨くん、キミの賃率を設定してみようじゃないか
ハイ、ボクのはこうなります
Ⓐ 年間労務費 540万円 ÷ Ⓑ 年間労働時間 1,800時間 = 3,000円
雨さんの1時間あたり賃率
ボクが1時間作業すると、3,000円原価が増えるんですね

31

経費標準単価
経費ごとに違う標準設定のやり方

いろいろな経費の配賦率を求めよう

次に経費の標準単価を見ていきます。

外注加工費については、材料費と同じように標準単価を設定します。

外注加工費以外の経費については、労務費と同じように標準単価を設定します。

具体的な計算式は、「各案件に振り分ける経費＝年間経費×配賦基準消費数／配賦基準総量」となります。

この計算式のうち、「年間経費／配賦基準総量」を標準単価として設定します。この標準単価はよく「配賦率」と呼ばれます。

では、減価償却費を例として配賦率を設定してみましょう。

ある機械を導入したとして、年間減価償却費を550万円、年間機械稼働時間を550時間を見込むと、

配賦率＝550万円／550時間＝１万円

となります。つまり、機械を１時間使用すると、１万円原価が増えることとなります。

配賦率はまとめて設定することも

例では、減価償却費というひとつの項目について配賦率を設定しましたが、原価費目ごとに設定するのは大変ですので、通常重要な経費以外はまとめて、配賦率を設定します。

経費全体で一括して配賦率を設定することもあります。

経費の標準単価を設定しよう!

経費の標準単価を設定しましょう
外注費
材料費と同じように標準単価を設定
外注リスト
ブランコ設置の外注加工費は
通常どのくらいだっけなァ…
外注費以外
労務費と同じように標準単価を設定
各案件に振り分ける
経費
=
Ⓐ
年間経費
×
配賦基準消費数
配賦基準総量
Ⓑ
Ⓐ÷Ⓑで標準単価(配賦率)
が計算されます
乙主任、
減価償却費の配賦率を
計算してみようじゃないか
ハイ、
こうなります～
Ⓐ年間減価償却費
550万円
÷
Ⓑ年間機械稼働時間
550時間
=
1万円
つまり、機械を1時間使用すると
1万円原価が増えるのね
乙主任…
ブルドーザー
使えるんですね…

32

単価を決めたら、次は数量！
標準消費数量・標準作業時間を設定する

価格が予定どおりでも……

これまで各費目別に標準価格を設定してきました。しかし、価格が予定どおりであっても消費数量・作業時間に問題がある可能性もあります。

そこで、今度は数量・時間の標準も設定しましょう。

労務費の標準作業時間を決める

労務費を例にとり、各案件で目標となる標準作業時間を設定します。例えば右図のように設定します。

案件によって、実施すべき内容が違うはずですので、それぞれに合った標準作業時間を設定する必要があります。

減価償却費の標準機械稼働時間を決める

同じように、減価償却費の標準機械稼働時間も目標を設定しましょう。これも、右図のようなものです。

労務費の例同様、案件に合った標準機械稼働時間とします。

材料費や他の経費についても、同じ方法で目標とする標準消費数量を設定します。

こういった計算は最初の見積もり提示段階で積算していることもあるでしょう。

しかし、いろいろな事情から顧客向け見積もり提示の数値は、内部の目標管理に適さない場合もあると思います。そのため、見積もりとは別に目標数値を設定することが多いです。

標準作業時間を設定しよう!

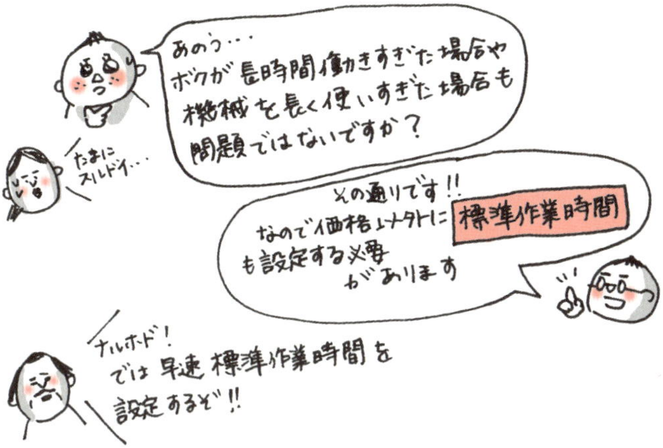
あのう…
ボクが長時間働きすぎた場合や
機械を長く使いすぎた場合も
問題ではないですか?
たまにスルドイ…
その通りです!!
なので価格以外に 標準作業時間
も設定する必要
があります
ナルホド!
では早速標準作業時間を
設定するぞ!!

標準作業時間

単位:時間

	A区案件	B市案件	C町案件
甲課長	50	30	10
乙主任	980	640	0
丙さん	0	300	900

標準機械稼働時間

単位:時間

	A区案件	B市案件	C町案件
	100	150	300

33

差異を分析する①
費目編

C町の採算が悪いのはなんで？

各案件で標準原価を設定したところで、実際原価計算の結果と比較してみましょう。採算の悪いC町案件の差異を右図にまとめています。

差異は、「標準原価ー実際原価」を示しています。

つまり、差異がマイナスの場合には、実際原価が目標とする標準原価よりも多くかかってしまったことになります（この場合を不利差異と呼びます）。

逆に差異がプラスの場合には目標よりも実際が少なくてすんだことを示します（この場合を有利差異と呼びます）。

高いブランコ、なぜか時間をかけすぎている丙さん……

C町案件の差異を費目別に見ると、以下の２つが大きく影響していることがわかります。

（１）材料費のうちのブランコ代（80万円の不利差異）
（２）丙さんの労務費（180万円の不利差異）

費目を把握できたところで、次節では差異のさらなる分析をしていきましょう。

設定した標準と実績を比べて原因を洗い出す

差異を分析する〜費目編

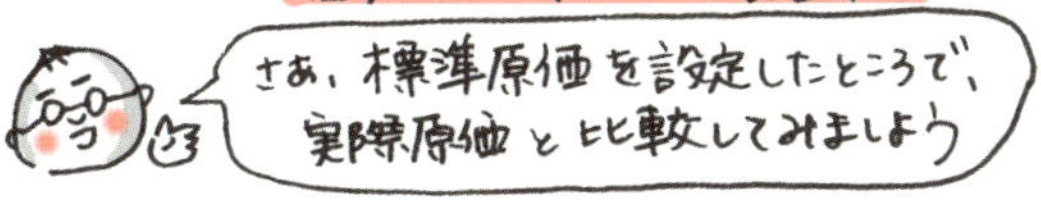

さあ、標準原価を設定したところで、
実際原価と比較してみましょう

CBT分析

単位：万円

		実際原価	標準原価	差異	
材料費	ブランコ(1台)	500	420	△80	不利差異
	ベンチ(3脚)	60	60	0	
	すべり台	0	0	0	
	小計	560	480	△80	
労務費	甲課長	5	5	0	
	乙主任	0	0	0	
	丙さん	450	270	△180	不利差異
	小計	455	275	△180	

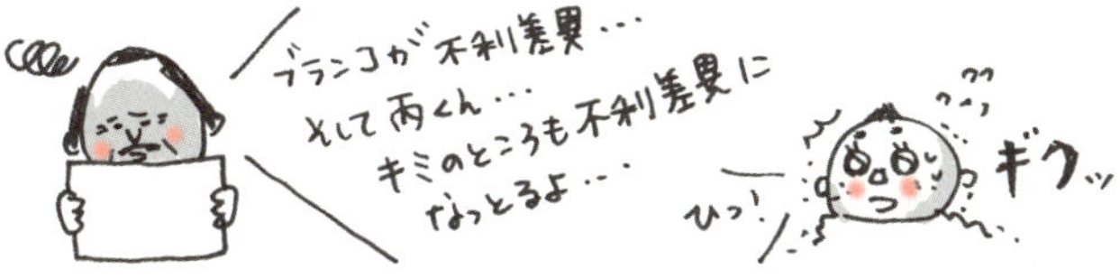

ブランコが不利差異…
そして丙くん…
キミのところも不利差異に
なっとるよ…
ひっ!
ギクッ

ことばMEMO

差異＝標準原価−実際原価

差異がマイナス ⇒ 不利差異（目標より多くかかってしまった）

差異がプラス ⇒ 有利差異（目標より少なくすんだ）

34

差異を分析する②
単価 vs 数量編

把握した不利差異を分析しよう

費目別に把握した重要な不利差異について、その要因は単価面・数量面のどちらかにあるのかを調べます。

（1）材料費のうちのブランコ代（80万円の不利差異）

ブランコは１つしか注文していないため、明らかに単価面に差異要因があります。

（2）丙さんの労務費（180万円の不利差異）

丙さんの労務費の構成要素である、賃率と標準作業時間のそれぞれについて、実際とどれだけ違っているかを見ていきましょう

＜単価面＞

賃率：3,000円　実際の時間単価：3,000円

＜数量面＞

標準作業時間：900時間　実際の作業時間：1,500時間

単価面では差異がなく、数量面である作業時間が標準ベースでは900時間としていたのに、実際には1,500時間と600時間も多くかかっています。これが不利差異の主要な原因です。

つまり、C町案件の赤字脱却には、この作業時間の改善が必須であることがわかりました。

不利差異の原因は？

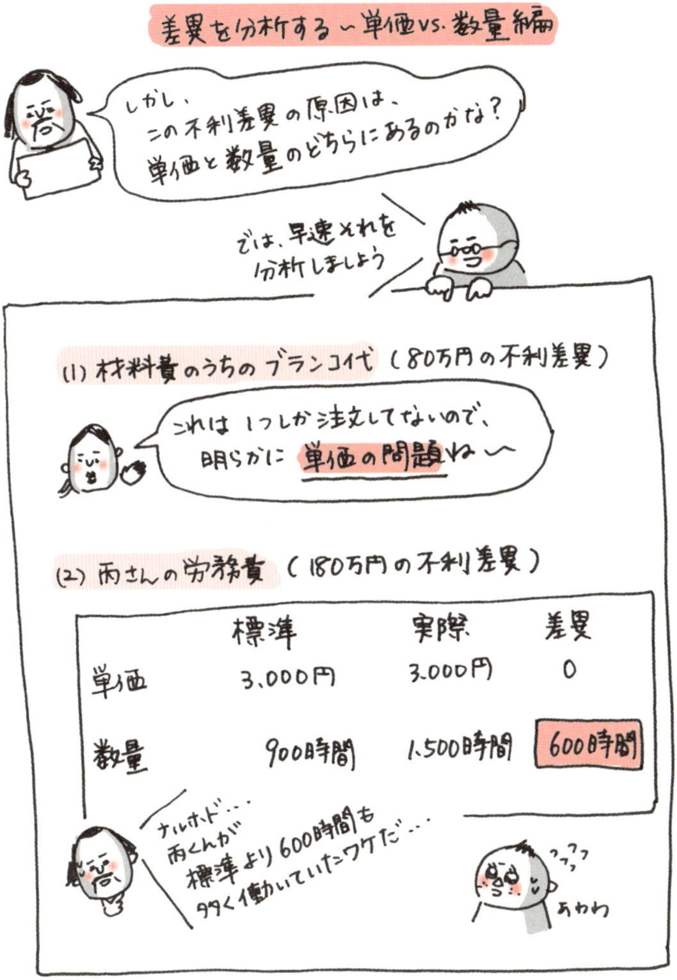

差異を分析する〜単価vs.数量編

しかし、この不利差異の原因は、単価と数量のどちらにあるのかな？

では、早速それを分析しましょう

(1) 材料費のうちのブランコイ代（80万円の不利差異）

これは1つしか注文してないので、明らかに単価の問題ね〜

(2) 丙さんの労務費（180万円の不利差異）

	標準	実際	差異
単価	3,000円	3,000円	0
数量	900時間	1,500時間	600時間

ナルホド…丙くんが標準より600時間も多く働いていたワケだ…

あわわ

35

トコトン原因を追及しよう
C町案件の赤字は本当に赤字なのか

丙さんの作業時間が多すぎるのには理由があった！

前節でC町案件の赤字要因のひとつとして、丙さんの作業時間が多すぎる点が挙がりました。

その点について丙さんに指摘すると以下のような反論がありました。

「C町の担当者が細かい人で、細部にまで注文がつくから、どうしても他と同じような目標時間で作業することができない。今後のC町の他の案件は増額交渉しないと、いつも赤字になってしまう。」

しかし、営業担当者に聞いたところC町の財政は厳しく、とても増額交渉に応じてもらえそうもないとのことです。

そこで、今後の案件を断るかどうかという議論にまで発展してしまいました。

たしかにずっと赤字だと、お断りしたほうがいいようにも思えますが、実は議論するにあたって重要な情報がまだあぶりだされていないのです。それは、どういった情報なのか次節でみていきましょう。

損が続くと撤退したほうがいいの？

ねぇ、丙くん、
キミー C町案件に
何でこんなに時間が
かかっているのかね？
甲課長
実は…
もっと○○してくれ！
あーしてくれ！
こーしてくれ！
ハイ…
C町の担当者が細かい人で、細部にまで
注文がつくんです…
他と同じ目標時間で作業できないんですよ…
増額交渉しないと
いつも赤字だ…
赤字
うちは
財政難
だし増額ムリよ!!
ナルホドね…
これはもう
C町案件は
今後お断りしたほうが
いいのかな…
いや！
まだ早いですよ!!
議論に必要な重要な情報が
まだあぶりだされていません。
これを次節以降みていきましょう。

36

変動費と固定費

受注と連動しているか否かで分類する

受注して発生するもの、受注しなくても発生するもの

現在の原価計算の赤字か黒字かの判断は全ての原価を対象として行われていますが、原価は受注して発生するものと、受注しようがしまいが発生するものの二種類があり、それぞれ変動費、固定費と呼ばれます。

変動費：受注して発生する費用
固定費：受注してもしなくても発生する費用

変動費と固定費に分けて考える

C町案件の原価を変動費と固定費に分解してみましょう。

材料費：遊具は受注がなければ、発生しないため変動費となります。
労務費：受注がなくても、従業員には給与を支払わなければなりません。そのため労務費は固定費となります。
経　費：外注費は、受注がなければ、発生しないため変動費です。減価償却費は、受注しなくても発生するため固定費です。そのほかの経費は、厳密にはそれぞれの性質を考慮して分解しますが、ここでは簡便的にすべて固定費としておきます。

C町案件の分解結果を右に示しておきます。
分解した結果何がわかるのかについては、次節で見ていきましょう。

原価を別の角度から2つに分けてみる

原価を2種類に分類します
変動費…受注して発生する費用
材料費
ブランコを1つ
お願いします〜
経費のうちの
外注費
ブランコの
設置を
お願いします
固定費…受注してもしなくても発生する費用
労務費
今月も
がんばったな、
ボク
経費
（外注費以外）
ガガガ

37

受注しないと赤字が増える？
原価計算で仕事を受けるか否か決められる

なんと！　C町は赤字でも受注したほうが得だった！

前節の分解結果をもとに、実際原価計算ベースでC町案件を受注しなかった場合、赤字がどのようになるか計算してみましょう。

受注しないことにより、変動費部分がなくなります。計算結果を受注した場合と比較した表を右ページに載せています。

赤字額は844万円となり、受注した場合の赤字額214万円よりも損失が膨らんでしまいました。

両者の違いは売上と変動費です。C町案件を断って売上をあきらめると変動費分だけが浮くことになります。変動費が売上を上回っているので、受注したほうが損失が少なくなるのです。

「売上ー変動費」のことを「貢献利益」と呼びます。C町案件の貢献利益は「貢献利益＝売上ー変動費＝630万円」となります

キャパシティと相談して意思決定は慎重に

このことから貢献利益が１円でもあれば、何もしないよりは仕事をしたほうが赤字額が減ることがわかります。

ただし、現実にはキャパシティの問題があり、例えばC町案件をとったことにより、より貢献利益の高いD県案件を受注できなくなることもありえます。

その点を考慮すると、C町案件をお断りするという意志決定も十分考えられます。

また、貢献利益がマイナスの場合は、まさに受注しても損をするだけなので、特別な理由がない限りはお断りするべきでしょう。

C町案件を受注しなかった vs した場合の比較

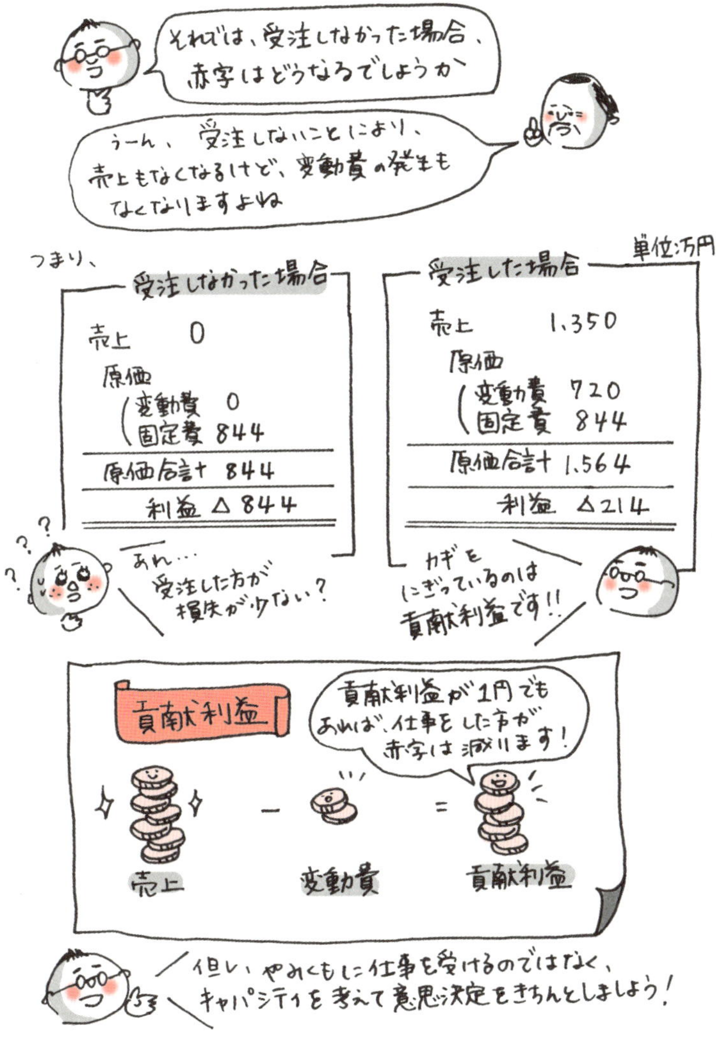
それでは、受注しなかった場合、赤字はどうなるでしょうか
うーん、受注しないことにより、売上もなくなるけど、変動費の発生もなくなりますよね
つまり、
受注しなかった場合
売上 0
原価
変動費 0
固定費 844
原価合計 844
利益 △844
単位:万円
受注した場合
売上 1,350
原価
変動費 720
固定費 844
原価合計 1,564
利益 △214
あれ…受注した方が損失が少ない？
カギをにぎっているのは貢献利益です!!
貢献利益
貢献利益が1円でもあれば、仕事をした方が赤字は減ります！
売上
−
変動費
=
貢献利益
但し、やみくもに仕事を受けるのではなく、キャパシティを考えて意思決定をきちんとしましょう！

38

固定費と損益分岐点

〝赤字を減らす〟という考え方も大事

貢献利益を積み上げて固定費を回収する

前節の考え方をつきつめると、「貢献利益を積み上げていくことによって、固定費を回収する」という発想に至ります。これはどういう意味なのでしょうか。

(株)日本公園建設の全体の固定費が2,500万円だったとします。

仮に今期ひとつも受注が取れず、みんな事務所で寝て暮らしていたら、固定費の全額である2,500万円の赤字となります。

それが、C町案件では貢献利益が630万円出ました。C町案件を引き受けることによって、赤字額は固定費全額2,500万円から630万円を引いた1,870万円に赤字額が減ります。

このように、赤字額を減らすことを「固定費を回収する」と呼びます。C町案件以外の案件もこなすことによって、貢献利益を積み上げて、固定費と同額になれば、固定費は全額回収されて、損益はトントンとなります。固定費以上の貢献利益が出れば、めでたく黒字となるわけです。

〝損益分岐点〟を意識しよう

そして、損益がトントンになるだけの貢献利益を稼ぐために必要な売上金額のことを「損益分岐点売上」と呼びます。

営業部門では損益分岐点売上は赤字にしないための最低限の必達目標となります。

なお、損益分岐点売上は単に「損益分岐点」と呼ばれることも多く、本書でも以降損益分岐点と記載することとします。

固定費を回収して黒字にしよう!

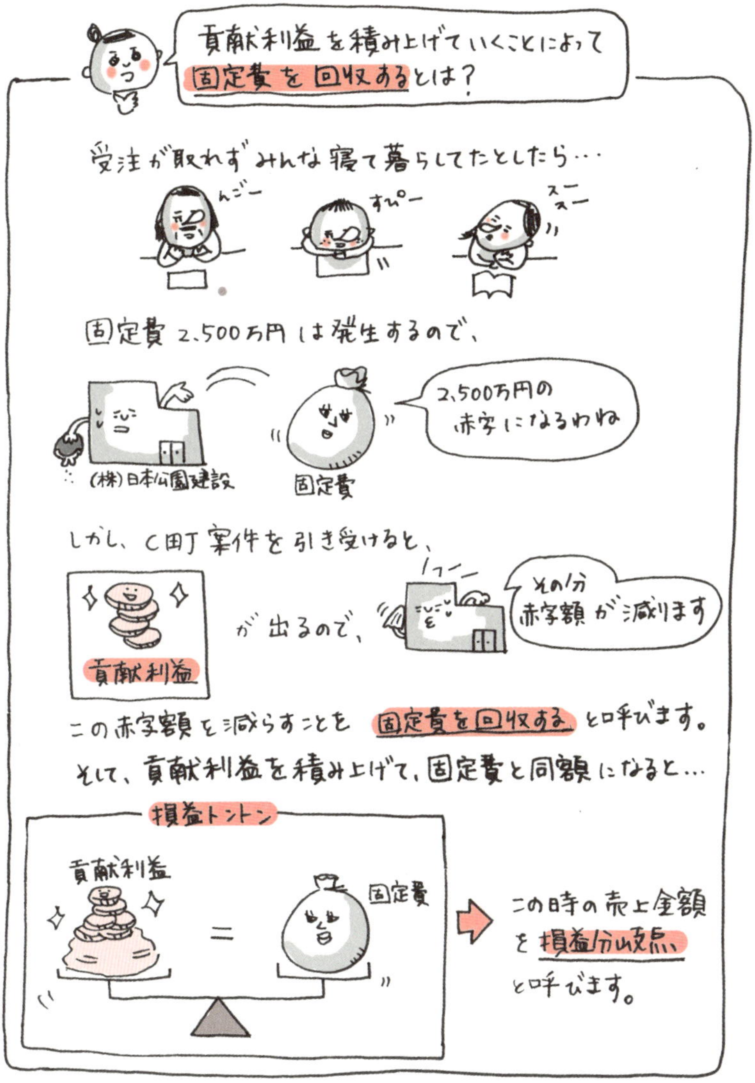
貢献利益を積み上げていくことによって
固定費を回収するとは?
受注が取れずみんな寝て暮らしてたとしたら…
んごー
すぴー
スー
スー
固定費2,500万円は発生するので、
2,500万円の
赤字になるわね
(株)日本公園建設
固定費
しかし、C町案件を引き受けると、
貢献利益
が出るので、
フーー
その分
赤字額が減ります
この赤字額を減らすことを 固定費を回収する と呼びます。
そして、貢献利益を積み上げて、固定費と同額になると…
損益トントン
貢献利益
固定費
=
この時の売上金額
を 損益分岐点
と呼びます。

39

固定費の性質を知る

ときに固定費は不思議な動きをする

A区の採算が悪化するとC町の採算が改善する……？

前節までで、原価は変動費と固定費に分類されること、案件の採算を見る指標として貢献利益が有用であることを見てきました。

固定費については、さらに知っておくと良いことがありますので、続けて見ていきましょう。

施工部門がなにやら騒がしいようです。A区案件のブルドーザー稼働時間に集計ミスがあり、原価計算のやり直しとなったのです。

甲課長：「A区案件の採算が良すぎると思っていたんだが、ブルドーザー稼働時間が間違っていたとは気づかなかったよ」

乙主任：「もともと小川だったところを土で埋めたのをすっかり忘れていました。申し訳ありません。100時間で集計していましたが、実際には500時間だったため、実際原価計算表を右ページのとおり修正しました。」

丙さん：「A区案件の修正によって、C町案件の赤字額が減っているんですけど、なぜでしょうかねぇ……？」

右ページを見ると、A区案件は予想通り採算が悪化していますが、C町案件については丙さんの言うとおり修正前の214万円だった赤字額が104万円となり、修正前と比べて110万円赤字が改善されました。

C町案件では何も修正していないのに、なぜこんなことが起こるのでしょうか。次節で詳しく見ていきましょう。

あれ!?　なんでC町の赤字が減るの?

ガーン
A区案件の採算が良すぎると
思ってたんだが、
ブルドーザー稼働時間が間違ってたとは!
もともと小川だった
ところを土で埋めたのを
すっかり忘れてました〜
申し訳ありません。
修正しました〜

単位:万円

	A区案件	B市案件	C町案件
売上	2,000	1,500	1,350
原価			
修正後減価償却費	275	110	165
その他	1,735	1,250	1,289
原価合計	2,010	1,360	1,454
利益	△10	140	△104

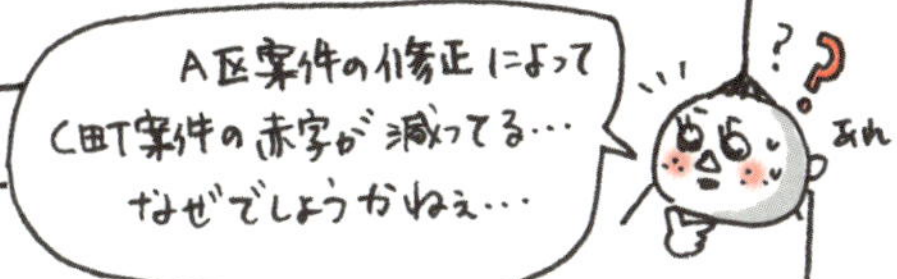

A区案件の修正によって
C町案件の赤字が減ってる…
なぜでしょうかねぇ…
あれ

修正MEMO

減価償却費の
機械総稼働時間

= A区案件 500 + B市案件 200 + C町案件 300 = 1,000時間

→ ココを100で計算していた!

計算式(A区案件の場合):550万円 × $\frac{500}{1,000}$ 時間 = 275万円

40

減価償却費の不思議
固定費配賦は操業度の影響を受ける

振り分け方を間違えると正しい数字が見えなくなる

修正したのはブルドーザーに関する項目のため、変わった部分としては、ブルドーザーの減価償却費しかありません。同項目について、修正前と修正後で比較したものを右ページに載せます。

各案件に振り分ける経費＝年間経費×配賦基準消費数／配賦基準総量

でした。

減価償却費の総額に変化はありませんが、分母である配賦基準総量が600時間から1,000時間に増えて、C町案件の１時間あたりが負担する費用が少なくなったのです。

わかりやすく身近な電車の定期券を例に取って考えます。定期券の区間について有効期限内は、どれだけ使用しても払ったお金は同じです（固定費）。そのため、たくさん使うと１回あたりの支出が減って、得をしたと感じることがあります。

今回の修正は、会社全体でブルドーザーをたくさん使っていたことが判明したものです。その結果、C町案件では１時間あたりの負担額が減って得をしたのです。

この例でのブルドーザーの使用頻度のことは、よく操業度と呼ばれます。

固定費配賦は操業度の影響を受け、操業度が高いほど、１時間あたりの負担額が小さくなります。

ブルドーザーの減価償却費の振り分けミス発見!

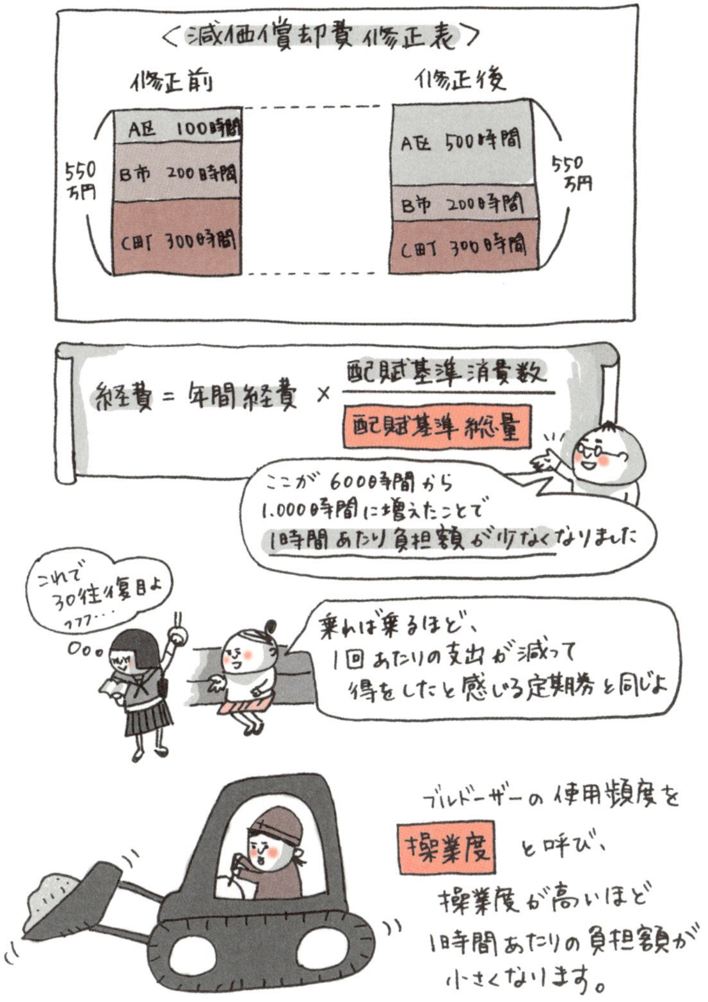
<減価償却費修正表>
修正前
A区 100時間
B市 200時間
C町 300時間
550万円
修正後
A区 500時間
B市 200時間
C町 300時間
550万円
経費＝年間経費 × 配賦基準消費数 / 配賦基準総量
ここが 600時間から
1,000時間に増えたことで
1時間あたり負担額が少なくなりました
これで30往復目よ
フフフ…
乗れば乗るほど、
1回あたりの支出が減って
得をしたと感じる定期券と同じよ
ブルドーザーの使用頻度を
操業度と呼び、
操業度が高いほど
1時間あたりの負担額が
小さくなります。

41

わかりにくい固定費
「利益」の捉え方はいろいろ

ブルドーザーの稼働時間を修正したら利益が増える……？

さて、前項の修正を経理部に連絡したところ、今度は経理部が困って甲課長に質問してきました。

経理部長：「もらった修正版実際原価計算表をもとに、損益計算書を作りなおした。当期の業績に登場するのはＢ市案件とＣ町案件なので、その修正を取り込むと右ページのとおり利益が増えてしまった。修正の内容を聞いたら、当初報告より機械稼働時間を修正しただけだと聞いた。機械をたくさん動かしただけというだけでは、利益が増えるわけないと思うのだが、なぜそんなことが起きるのか。」

甲課長　：「確かにそうですね。何か間違っているかもしれません。もう一度確認します。」

甲課長は経理部長に気圧されて、再度確認すると言っていますが、実は、施工部門の原価計算に間違いはありません。

Ａ区案件の採算は悪化しましたが、これは翌期売上のため当期業績に影響しない一方、当期売上のＢ市案件・Ｃ町案件の採算は改善して、当期業績に影響するために起こることなのです。

ただ経理部長の疑問はある意味、的を得たものでもあります。

つまり、全体の減価償却費は550万円と決まったものであるにも関わらず、機械の利用時間が増えた（操業度が高まった）だけで当期利益が良くなってしまうのは、違和感があります。

次節では、この違和感を解消する原価計算方法を見ていきましょう。

何かおかしい。何で利益が増えるの？

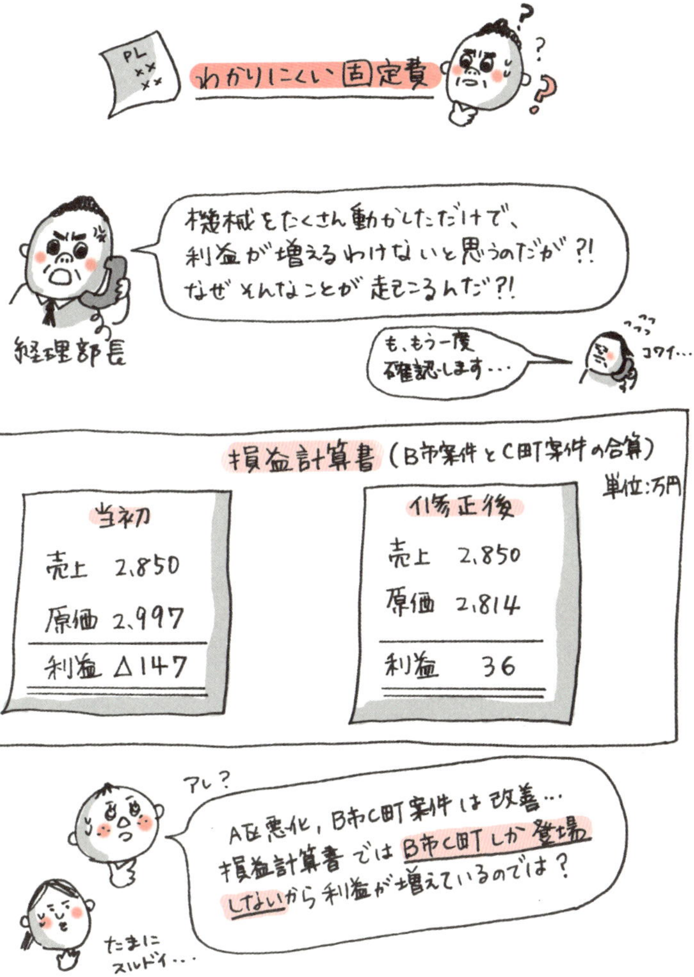

PL
わかりにくい固定費
機械をたくさん動かしただけで、
利益が増えるわけないと思うのだが?!
なぜそんなことが起こるんだ?!
経理部長
も、もう一度
確認します…
コワイ…
損益計算書（B市案件とC町案件の合算）
単位:万円
当初
売上 2,850
原価 2,997
利益 △147
修正後
売上 2,850
原価 2,814
利益 36
アレ？
A区悪化，B市C町案件は改善…
損益計算書ではB市C町しか登場
しないから利益が増えているのでは？
たまに
スルドイ…

42

理想の原価計算方法

直接原価計算

固定費を全てその期の費用とすればスッキリ！

先ほどの経理部長の違和感を解消するシンプルな方法は、固定費を配賦せずに全てその期の費用とすることです。

そもそも固定費は性質上、全ての案件にかかっているコストであり、それを何らかの基準でいわば強引に配賦していることが問題を引き起こしているのです。それならば固定費の配賦をやめてしまうのが有効です。

固定費の配賦をやめた損益計算書は右の図のとおりです。合わせて、貢献利益（＝売上ー変動費）も表示します。

この固定費を配賦しない原価計算方法を直接原価計算と呼びます。

意思決定にも便利

直接原価計算は操業度が変わっても当期利益が変わらないというメリットがあります。

当期業績に反映される減価償却費は常に550万円であり、機械の利用時間の増加で増減しないため、経理部長が抱いた違和感を解消することができます。

経営層の意思決定にも有用とされ、しばしば「理想の原価計算方法」とも呼ばれます。

「直接原価計算」でまるく収まる!

理想の原価計算方法～直接原価計算

経理部長

の違和感を解消するには、

固定費の配賦をやめるのが有効です。

→ これを直接原価計算と呼びます。

損益計算書（直接原価計算version）

単位：万円

売上	2,850		
変動費	1,500	材料費	1,140
		経費（外注費）	360
貢献利益	1,350		
固定費	2,144	労務費	1,180
		経費（減価償却費）	550
		その他	414
利益	△794		

操業度が変わっても、
当期利益が変わらない！
意思決定に有用な
理想の原価計算方法
である！

43

直接原価計算の問題点
"理想"の落とし穴には要注意

外部への報告には使えない

理想の原価計算方法と呼ばれる直接原価計算ですが、管理目的では非常に有用でも、外部報告目的の損益計算書では採用してはいけないこととされています。

その理由は変動費と固定費の分類に裁量の余地がある点にあります。

例えば、次のＤ県案件で用いる資材を先行して仕入れたため、専用の保管スペースが必要となり、今後の業容拡大も見据えて現在借りている倉庫を２倍に拡張したとしましょう。

現在の賃借料70万円は、特に案件の受注と関連付いていないため、固定費としていましたが、新たに借りるスペースの賃借料は、案件の受注がなければ発生しなかったため、変動費と判断することができます。

一方、今後の業容拡大を見据えている点を重視すれば、Ｄ県案件に関係なく発生したコストと捉えて、固定費とすることも考えられます。

このように、案件の受注に直接的に結びつくものなのかどうかは、裁量の余地があり、そのような恣意性が入る分類法を外部報告目的の損益計算書に採用すべきではないとの意見があり、固定費も適当な基準によって、各案件に配賦するべしとされています。

外部報告に裁量の余地があってはならない

直接原価計算は損益計算書で採用してはいけない
なぜなら、
変動費と固定費の分離に
裁量の余地があるからなんです
例えば、
D県案件で使う資材を
先行して仕入れたので、
専用スペースが必要っス
NEW
倉庫
賃借料
70万円
倉庫
D県案件専用
の賃借料70万円
分かりました…
しかし、この場合の
新しい倉庫代は
変動費なのかなあ…
固定費なのかなあ…
恣意性が入る分類法を
外部報告目的の損益計算書に
採用すべきではないデス!!
だから、各案件に配賦すべシ!!

column 4

粗利と貢献利益
自社での言葉の定義を確認しておこう

「粗利」って何？

「粗利」は実務では頻繁に用いられますが、基準に定義のある言葉ではありません。

また、実際意味するところは会社によって多少のばらつきがあります。

よくある解釈は以下のとおりです。

・売上から材料費を除いた金額
・売上から材料費と外注費を除いた金額
・売上から売上原価を除いた金額（＝売上総利益）

固定費の回収という観点で見れば貢献利益と粗利は同じ性質

第37節では、貢献利益について解説しましたが、粗利もそれに近い概念として、企業に定着しているように見受けられます。

すなわち、貢献利益のように変動費を全て除いた利益ではなく、会社にとって金額的重要性の高い変動費だけをピックアップして引いた「粗い利益」なのです。

固定費の回収のための利益という点では、粗利も貢献利益と同じ性質があります。

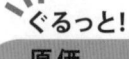

第5章

実践してみよう！
原価管理

44

損益改善プロジェクト!
増収なのに減益!?　なんとかしないと!

Show you(株)の損益を改善しよう！

第５章では応用編として、第４章までで学んだことを基礎として、原価を分析してみましょう。

醤油の製造販売を行っている「Show you(株)」は、従業員20人の小さな会社で、当期決算が思わしくなかったため、損益改善特別プロジェクトが立ち上がりました。

社長「残念ながら、当期決算は増収だったにも関わらず減益となってしまった。そこで、プロジェクトのみんなは、どこに問題があるのかを調査してほしい。当期と前期の損益計算書は右ページのとおりだ。よろしく頼む。」

売上高も上がっているがそれ以上に原価がかかっている

損益計算書を見ると、売上高は増加していますが、売上原価がそれ以上に増加してしまって、売上総利益（＝売上高ー売上原価）が減ってしまっています。

その結果、営業利益も減少してしまっています。

なぜ売上原価が増えてしまったのか、これから詳しく分析していきます。

基本的には、売上原価の明細を見ていって、大きく増加したコストについて更に明細を見ていくことにより、原因を把握します。

Show you(株)の損益計算書

醤油会社のShow you(株)
Show you(株)社長
残念ながら
当期は減益となってしまった。
どこに問題があるのか、
調査してくれ！
のおはなし
損益改善プロジェクトリーダー
ヘイ！

（単位：千円）

	前期	当期	増減
売上高	2,132,100	2,441,000	① +308,900
売上原価	1,997,100	2,358,300	② +361,200
売上総利益	135,000	82,700	③ △52,300
販売費及び一般管理費	86,000	78,600	△7,400
営業利益	49,000	4,100	④ △44,900

①売上高が増加しているが、
②売上原価がそれ以上に増加しているから、
③売上総利益が減っているわ
④その結果、営業利益も減少しているわね。
なーなるほど…
ってアンタ誰？

45

最初に製造工程を押さえる

醤油の作り方って?

日本の心！　醤油を作る！

細かく原価を見ていく前に、Show you(株)の製品である醤油がどのように作られているのかを確認しておきましょう。

ここまで、難しい話題が続きました。この節では原価の話題は一切でませんので、一度クールダウンしましょう。

醤油の材料と工程を確認しておこう

醤油の主な原料は、大豆・小麦・食塩です。

大豆は蒸し、小麦は炒って細かくします。

大豆、小麦と麹《こうじ》のもとを混ぜて、蒸し暑い部屋で数日おきます。

それから、食塩水を混ぜて、さらに数ヶ月置きます（これをもろみと呼びます)。

もろみを布袋に入れてしぼって、加熱処理すると醤油が完成します。

仕込みから完成までだいたい半年くらいかかります。

ちなみに麹とは、大豆などの穀物に微生物を繁殖させたものを指します。

醤油以外でも、味噌、日本酒、みりんなど、さまざまな食品に麹が使われています。

わかっておかないと改善の仕様がないんです！

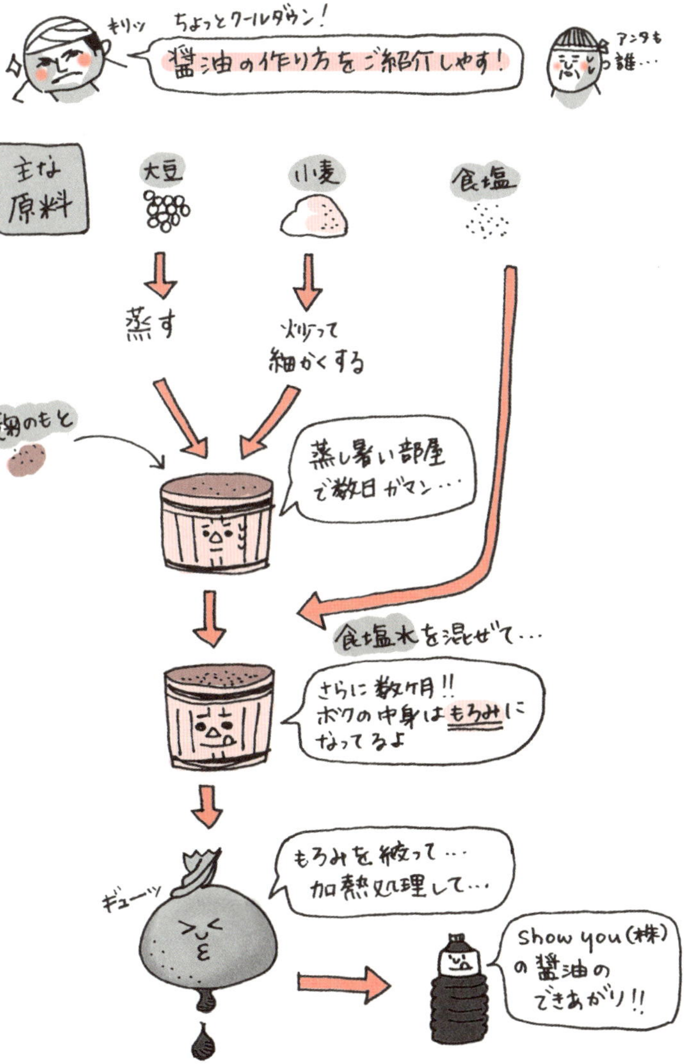
キリッ
ちょっとクールダウン！
醤油の作り方をご紹介しやす！
アンタも誰…
主な原料
大豆
小麦
食塩
蒸す
炒って
細かくする
麹のもと
蒸し暑い部屋で数日ガマン…
食塩水を混ぜて…
さらに数ケ月!!
ボクの中身はもろみになってるよ
もろみを絞って…
加熱処理して…
ギューッ
Show you(株)の醤油のできあがり!!

46

まずは「売上原価明細書」身近なもので考えればわかりやすい

野菜ジュースの明細は？

さて、原価に戻りましょう。売上原価の合計だけを見ていても何もわかりませんので、まずは明細を見ることです。通常、売上原価の明細は右図のようなものになっているかと思います。どのように読めばいいのでしょうか。また、身近な例をあげて見ていきましょう。我が家では野菜ジュースを24缶セットで購入して、日々少しずつ消費しています。下記データから、９月に何缶飲んだかを計算してみてください。

①９月１日の冷蔵庫の中にある野菜ジュース：５缶

②９月購入野菜ジュース：24缶

③９月30日の冷蔵庫の中にある野菜ジュース：９缶

①と②の合計のうち③の９缶を残して、全部飲んだのですから、

④何缶飲んだか：①＋②－③＝20缶

が答えです。売上原価明細も上と同じ作り方になっています。「ジュースを飲む」と対比して見ていきましょう。

売上原価明細書の各項目が何を示しているか

では、売上原価明細書の項目の意味を説明します。

①製品期首棚卸高　：前期末時点で売上計上されていない在庫

②当期製品製造原価：当期に製造した製品にかけた原価

③製品期末棚卸高　：当期末時点で売上計上されていない在庫

第３章で見たとおり、売上原価は売上計上された製品を対象に集計します。そのため、まだ売上計上されていない倉庫に眠っている製品は売上原価から除く必要があります。①と②の合計のうち、③を除いて、全部売上計上された製品に対する原価ですから、

④売上原価合計　　：売上対応する原価（①＋②－③）となります。

一目でわかる！　売上原価明細書の意味

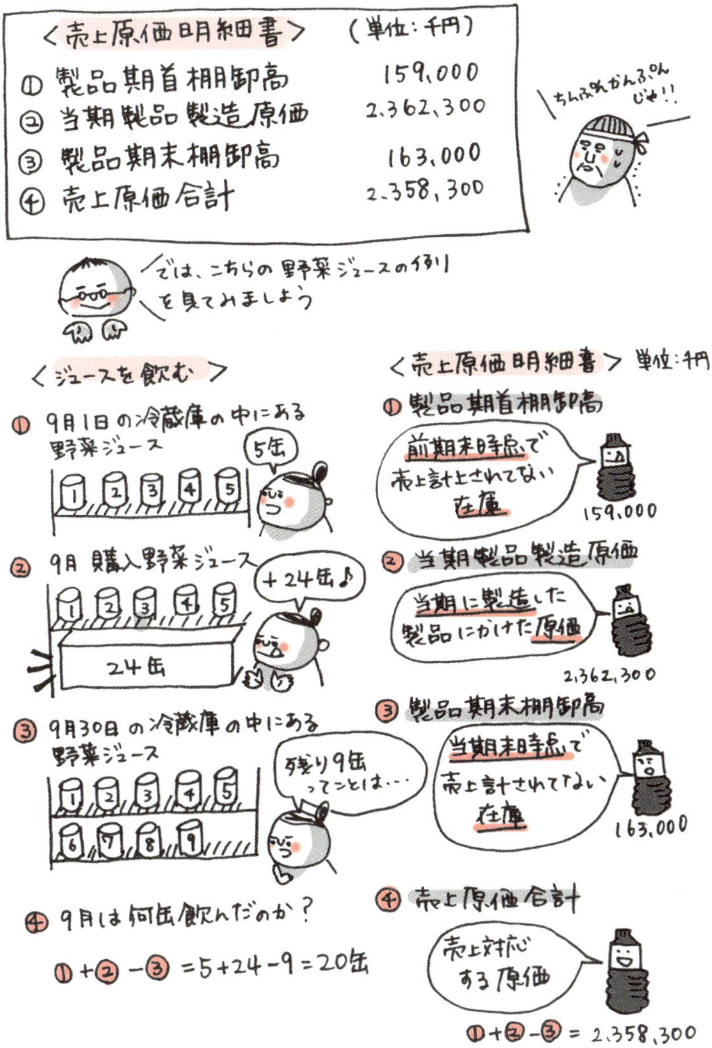

＜売上原価明細書＞　（単位：千円）
① 製品期首棚卸高　159,000
② 当期製品製造原価　2,362,300
③ 製品期末棚卸高　163,000
④ 売上原価合計　2,358,300
ちんぷんかんぷんじゃ!!
では、こちらの野菜ジュースの例を見てみましょう
＜ジュースを飲む＞
① 9月1日の冷蔵庫の中にある野菜ジュース
5缶
② 9月 購入野菜ジュース
＋24缶♪
24缶
③ 9月30日の冷蔵庫の中にある野菜ジュース
残り9缶ってことは…
④ 9月は何缶飲んだのか？
①＋②－③＝5＋24－9＝20缶
＜売上原価明細書＞ 単位：千円
① 製品期首棚卸高
前期末時点で売上計上されてない在庫
159,000
② 当期製品製造原価
当期に製造した製品にかけた原価
2,362,300
③ 製品期末棚卸高
当期末時点で売上計されてない在庫
163,000
④ 売上原価合計
売上対応する原価
①＋②－③＝2,358,300

47

次に「製造原価明細書」細かくブレイクダウンすることで見えてくる

前期との対比で問題点が浮かび上がる

売上原価明細書も昨年度と比較してみましょう。Show you(株)の場合は右のとおり、当期製品製造原価が大きく増えてしまっています。そこで、当期製品製造原価を細かくブレイクダウンしてみていく必要があることがわかります。

次に製造原価明細書を見てみましょう。右ページに記載しています。材料費、労務費、経費はこれまで見てきた内容です。特に追加で解説することはありません。

実は、製造原価明細書でもさきほどの野菜ジュースと同じ話があります。

①当期総製造費用　：当期に製造した製品にかけた費用
（＝材料費、労務費、経費の合計）
②期首仕掛品棚卸高：前期末時点で完成していない醤油原価
③期末仕掛品棚卸高：当期末時点で完成していない醤油原価
④当期製品製造原価：当期完成した醤油に対する原価
（＝①＋②－③）

未完成の醤油にも、かかっている原価があります。それについて、前節の売上原価明細と同じ計算が必要となります。

製造原価明細書も昨年度と比較すると、材料費、労務費、外注加工費、減価償却費がそれぞれ増加していることがわかります。これらについて、それぞれ細かく見ていきましょう。

一目でわかる！　製造原価明細書の意味

売上原価明細書

単位：千円

	＜前期＞	＜当期＞	＜増減＞
製品期首棚卸高	150,000	159,000	9,000
当期製品製造原価	2,006,100	2,362,300	356,200
製品期末棚卸高	159,000	163,000	4,000
売上原価合計	1,997,100	2,358,300	361,200

増えている！
ブレイクダウンじゃ！

製造原価明細書

単位：千円

	＜前期＞	＜当期＞	＜増減＞
I. 材料費	1,526,600	1,617,800	91,200
II. 労務費	231,300	256,800	25,500
III. 経費	251,800	491,400	239,600
（外注加工費）	74,000	115,000	41,000
（減価償却費）	132,200	335,400	203,200
（その他）	45,600	41,000	△4,600
①当期総製造費用	2,009,700	2,366,000	356,300
②期首仕掛品棚卸高	128,400	132,000	3,600
③期末仕掛品棚卸高	132,000	135,700	3,700
④当期製品製造原価	2,006,100	2,362,300	356,200

コイツらが原因か…

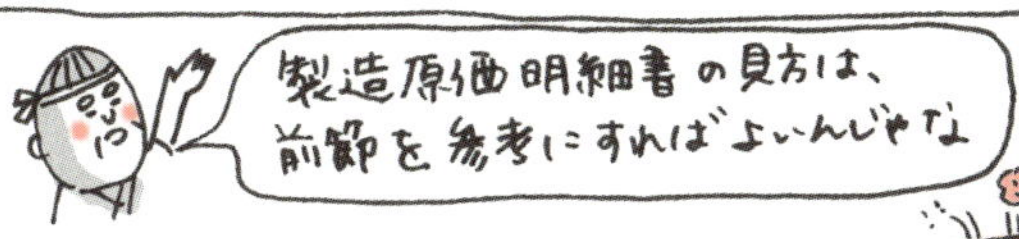

製造原価明細書の見方は、前節を参考にすればよいんじゃな

つまり、

① 当期に製造した製品にかけた費用
② 前期末時点で完成していないしょうゆ原価
③ 当期末時点で完成していないしょうゆ原価
④ 当期完成したしょうゆに対する原価（＝①＋②－③）

48

材料費の分析
材料を倉庫から出して工程に投入したら

材料費も野菜ジュースと同様に分析！

材料費の明細が右ページです。

材料費についても、またもや野菜ジュースと同じ話があります。

今度は「ジュースを飲む」を「材料を倉庫から出して工程に投入した」に変えてみていきましょう。

①期首材料棚卸高：前期末時点で倉庫にある原材料原価
②当期材料仕入高：当期に仕入れた原材料原価
③期末材料棚卸高：当期末時点で倉庫にある原材料原価
④材料費　　　　：当期倉庫から出して工程に投入した原材料原価
（＝①＋②−③）

当期材料仕入高が増加して、期末材料棚卸高が減少していることがわかります。

期末材料棚卸高は減少しており、材料費でマイナスする金額が少なくなったわけですから、材料費は増加しています。

次は、この２つについて、どのような原因で増加・減少しているのかを見ていきましょう。

材料費の分析も基本は"野菜ジュース"と同じ

材料費の明細　　単位:千円

	<前期>	<当期>	<増減>
① 期首材料棚卸高	37,800	41,200	3,400
② 当期材料仕入高	1,530,000	1,592,000	62,000
③ 期末材料棚卸高	41,200	15,400	△25,800
④ 材料費合計	1,526,600	1,617,800	91,200

原因を調査せにゃならん!

この明細の見方も前節と同様ですよ

つまり…

当期こそ使ってくれよな
塩
小麦
塩

① 前期末時点で倉庫にある原材料原価

② 当期に仕入れた原材料原価

show you

③ 当期末時点で倉庫にある原材料原価

小麦
小麦
塩
塩
メモメモ♪

④ 当期倉庫から出して工程に投入した原材料原価

ザー

49

当期材料仕入高の増加
犯人は消費税!?

消費税増で材料仕入高が増える？

当期材料仕入高の増加について、仕入調達担当に確認したところ以下のような返答がありました。

「特に調達のボリュームが上がったわけではないのですが、今期は消費税が５％から８％になったおかげで、仕入計上する単価が上がってしまったのです。」

増加の原因が消費税の税率変更にあることがわかりました。これまで税抜100円のものを105円で仕入計上していたのに、今期から108円で計上することになったというのです。

第２章の9節で触れたとおり、消費税はいったん仕入先に支払うものの、その後税務署から還付されますので、実質的な原価にはなりません。そのため、増税による影響を原価計算に入れるべきではありません。

損益計算書は税抜きベースで

あらためて当期材料仕入高を税抜ベースで比較すると、右ページのとおりとなり、それほど増減がないことがわかります。

最初から税抜ベースで損益計算書を作っておけば、こういった問題が生じなくなります。税抜ベースで損益計算書を作成することが経理部への要望事項となりました。

なお、消費税は多くの取引が対象となります。製造原価明細書では、外注加工費、その他経費も影響を受けていますので、経理部にはそれらもあわせて検討してもらいます。

消費税は実質的な原価ではない

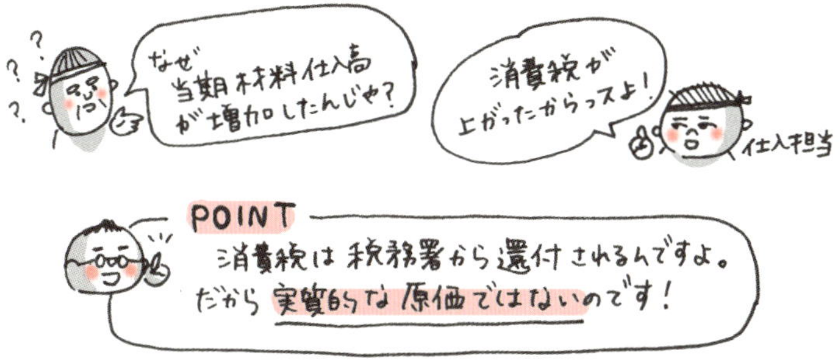
なぜ当期材料仕入高が増加したんじゃ？
消費税が上がったからっスよ！
仕入担当
POINT
消費税は税務署から還付されるんですよ。
だから実質的な原価ではないのです！

単位：千円

当期材料仕入高（税抜バージョン）

	＜前期＞	＜当期＞	＜増減＞
現状	1,530,000	1,592,000	62,000
税率	5%	8%	―
税抜額	1,457,142（※1）	1,474,074（※2）	16,932

（※1）$1,530,000 \times \frac{100}{105} = 1,457,142$

（※2）$1,592,000 \times \frac{100}{108} = 1,474,074$

ナルホド
税抜にすると、それほど増減がないのう
なので、税抜ベースで損益計算書を作っておくとよいですよ
【調査結果】
当期材料仕入高は増税による影響。
しかし、消費税は原価にすべきでないので、
税抜で数字をみるべきです。
また連絡します。
ナルホド・・
損益計算書は税抜で作成してくれ！
ハイ

50

期末材料棚卸高の減少

棚卸時の差異にも要注意

差異が出たら分析と再発防止を

次に期末材料棚卸高の減少について、在庫管理担当に確認すると、以下のような回答でした。

「期末に原材料を数えた（数える作業を「実地棚卸」と呼びます）ところ、管理簿の数量よりも実際に数えた数量が少なかったため、期末材料棚卸高が少なくなりました」

右ページに管理簿と実際数量の表を載せました。

小麦の数量が相当少なくなってしまっています。

通常、材料の管理簿は入荷ごとにプラスしていき、払い出すごとにマイナスしていきます。そのため、理屈上は、そういった差異は生じませんが、実際には管理簿の記載ミスなどに起因する差異が発生することもよくあります。

ただし、発生した差異は適切に分析しなければなりません。

特に今回の小麦の差異は1,350袋と、少量とは言いがたいため、差異の発生した内容次第では、再発防止を検討する必要があるでしょう。差異分析と再発防止を在庫担当への要望事項とすることとなりました。

なんで!?　小麦が足りない!

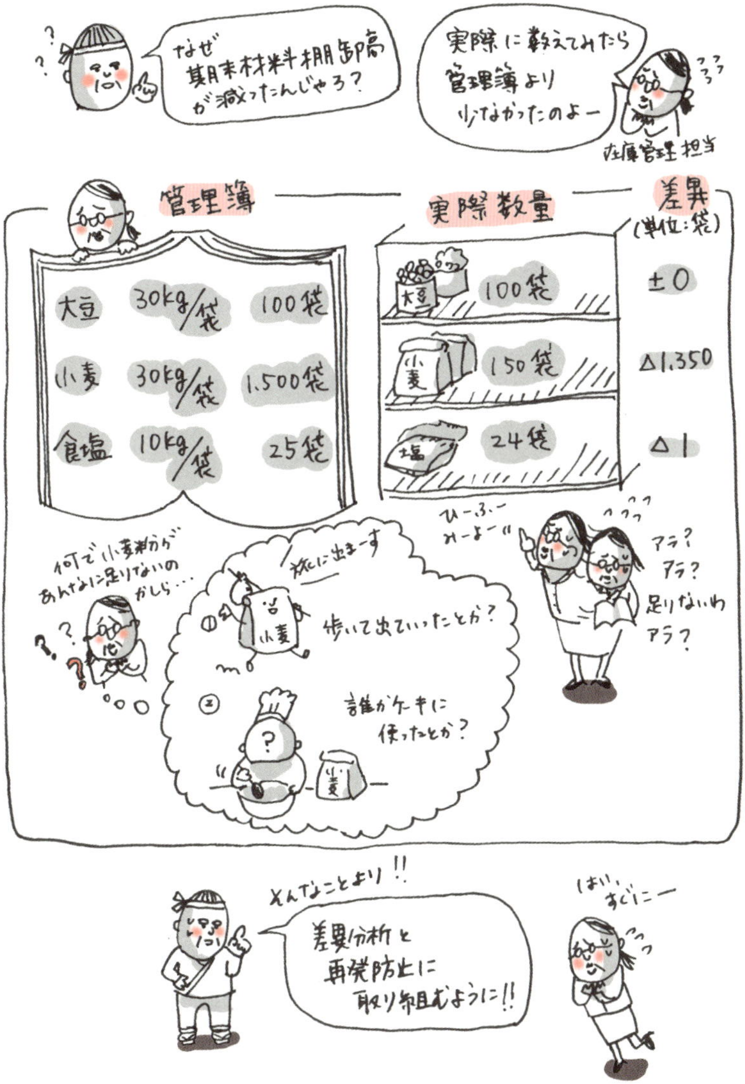
なぜ 期末材料棚卸高が減ったんじゃろ？
実際に数えてみたら 管理簿より 少なかったのよー
在庫管理担当
管理簿
実際数量
差異 (単位:袋)
大豆 30kg/袋 100袋
小麦 30kg/袋 1,500袋
食塩 10kg/袋 25袋
大豆 100袋
小麦 150袋
塩 24袋
±0
△1,350
△1
ひーふー みーよー
アラ？ アラ？ 足りないわ アラ？
何で小麦粉が あんなに足りないの かしら…
旅に出まーす
① 歩いて出ていったとか？
② 誰かケーキに 使ったとか？
そんなことより!!
差異分析と 再発防止に 取り組むように!!
はい、すぐにー

51

労務費の増加
労務費明細から原因を見つけよう

労務費増加の主な要因は賞与支給増だった！

次の増加要因は労務費でした。

労務費についても費目別に分解して、原因を探っていきましょう。労務費明細は右ページのとおりです。

賞与の項目が大きく増えていることがわかります。

経理部に確認すると、前期は業績がよかったため、社長の一存により賞与の支給を増やしたとのことです。ただ、年度末に決定して、実際に支給したのは翌年度である当期になったため、当期の賞与が増えているとのことです。

賞与は前期決算に織り込む

理由はわかりましたが、前期の好業績が当期の原価に影響する結果となってしまっていて、不合理であることがわかります。

逆に当期の業績が良くないことから賞与を支給しなければ、来期の業績がよく見えてしまいますが、これもおかしな話です。

こういった問題に対処するために、前期決算に賞与を適切に織り込みます。

賞与はその期にがんばった社員の労働の対価であるため、今後は賞与を支給対象期の原価とするよう、経理部に要望することとなりました。

賞与は支給対象期の原価に!

労務費の明細　　単位：千円

	＜前期＞	＜当期＞	＜増減＞
時間内給与	160,000	152,000	△8,000
時間外給与	15,000	15,700	700
賞与	24,000	59,000	35,000
雑給	4,500	4,300	△200
法定福利費	27,800	25,800	△2,000
労務費合計	231,300	256,800	25,500

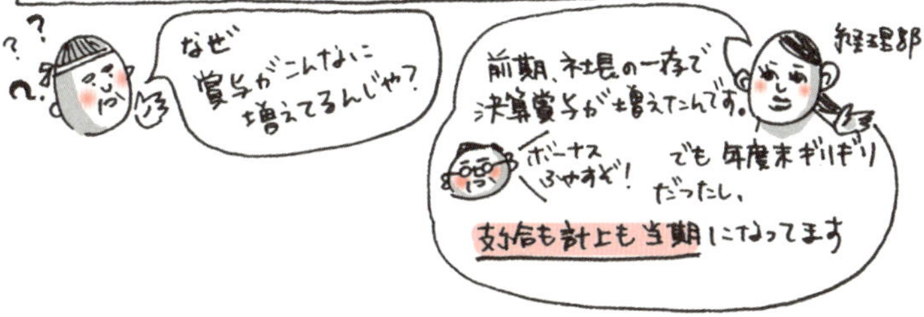
なぜ
賞与がこんなに
増えてるんじゃ?
経理部
前期、社長の一存で
決算賞与が増えたんです。
ボーナス
ふやすぞ!
でも年度末ギリギリ
だったし、
支給も計上も当期になってます

POINT

賞与はその期にがんばった社員の労働の対価であるため、支給対象期の原価とすべきです!

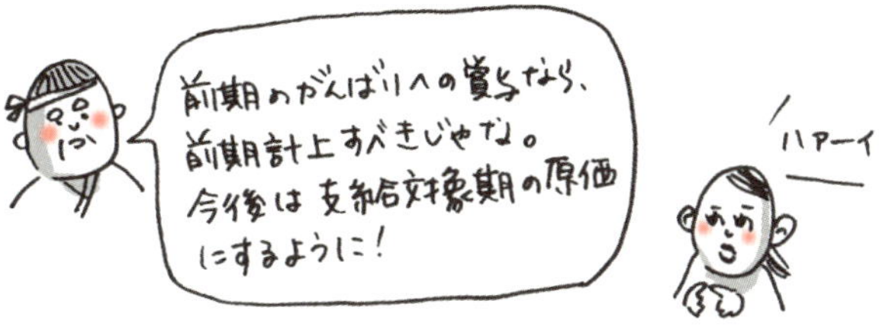
前期のがんばりへの賞与なら、
前期計上すべきじゃな。
今後は支給対象期の原価
にするように!
ハアーイ

52

外注加工費の増加
帳簿のつけ方に注意しよう

有償支給は売上にしない！

外注加工費の増加はどうでしょうか。発注管理の業務部に事情を聞きます。

「小麦の加工を有償支給して協力業者に依頼しているのだが、有償支給すると業者から入金があって、当期の業績が良くなるかと思ってたくさん支給した」

有償支給すると業績がよくなるとはどういうことなのでしょうか。Show you(株)の有償支給時の帳簿のつけ方を確認すると、以下のようになっていました。

①小麦を1,000千円で仕入れする→1,000千円材料費とする
②1,000千円で小麦を有償支給する→1,000千円売上とする
③1,100千円で加工した小麦を買い戻す→1,100千円外注加工費とする

この方法だと、有償支給が多いほど売上が増えるため、業績がよくなったように見えます。しかし、よく考えてみると、1,000千円の入金があっても、加工されて戻ってきたときには1,100千円支出するため、儲かるわけがありません。こういった取引で売上が増えてしまっては、本当の業績が見えにくくなってしまいます。そこで、第２章の11節で見たとおり、有償支給の場合には、売上とせずに最後の1,100千円を材料費とするのが一般的です。業務部には業績が良くなるのは誤解である旨を説明して、経理部には帳簿のつけ方を見直してもらうよう要望します。

業績が良く見えてしまう帳簿のつけ方にご用心

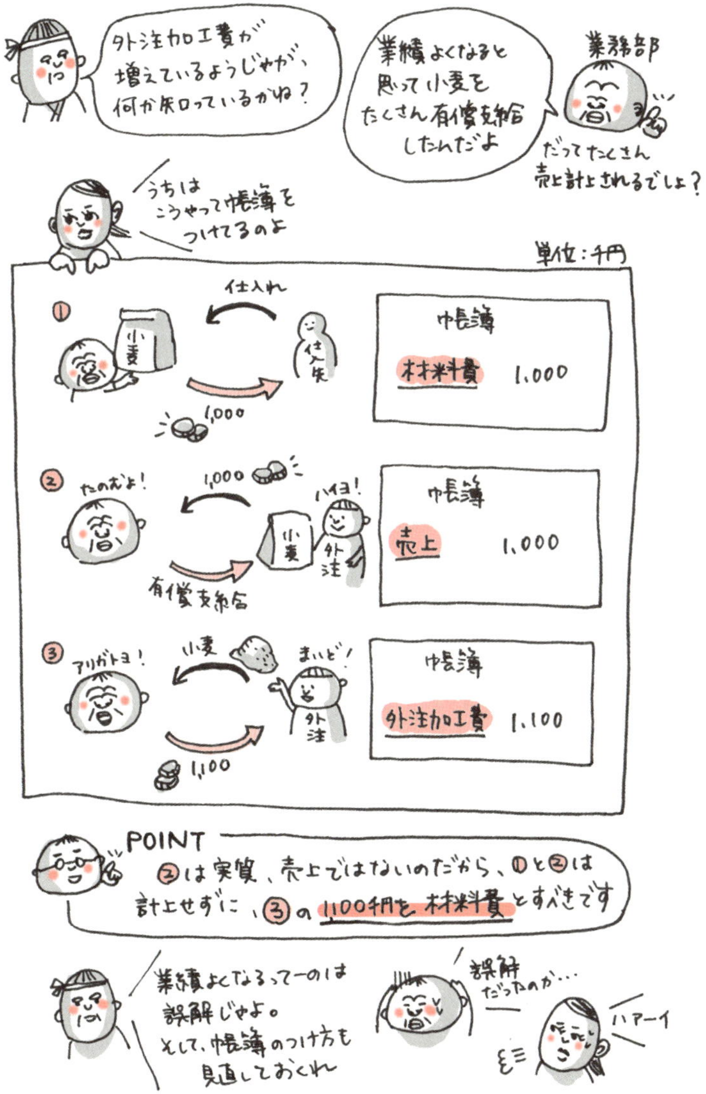

第5章

実践してみよう！　原価管理

53

減価償却費の増加
原価管理目的と法人税目的で違う計算を

節税メリットはあるけれど……

減価償却費も増加していますので、経理部に確認していきましょう。以下のような回答が返ってきました。

「今期更新した醤油を絞る機械について、顧問税理士から法人税の優遇対象設備で、減価償却費を多く計上できるから、そうした方が得ですよとのアドバイスをもらったため、減価償却費を多く計上した」

原価計算上は通常のルールで原価管理しよう

設備更新を後押しする観点から、一定の用件を満たせば節税できる仕組みがあります。

節税メリットを生かすために減価償却費を多く計上するのはよいのですが、原価計算上は特定の期に極端にたくさんの減価償却費が計上されるのは好ましくありません。

通常のルール（定額法か定率法）で計算した減価償却費で原価管理するべきです。

今後は経理部に、通常のルールで計算した管理目的の減価償却費と、法人税目的の減価償却費のふたつを計算してもらうよう要望することとなりました。

減価償却費は通常のルールで計算しよう

54

原価分析が売上に与える影響
消費税も有償支給も実質的な売上ではない

売上に計上しないはずのものが計上されている？

原価を分析することによって、いろいろな課題が浮上してきました。

実は、売上側でも見直しが必要な項目があります。この節では売上側を見ていきましょう。

（1）消費税の影響

原価だけではなく、売上も消費税込みの金額となっていることが判明しました。

得意先から消費税込の金額で入金がありますが、そのうち消費税分は税務署に納めなければいけません。

売上にしても原価にしても、企業からみた消費税というのは、単に預かっているだけのもので、本来、消費税が上がって儲かったり損したりすることはないのです。

（2）外注加工費のうち有償支給の影響

有償支給時の入金が売上に計上されていることが判明しています。

すでに説明したとおり、最終的には買い戻す加工品に対する入金を売上計上すると、業績が正しく測定できません。これについては、売上に計上しません。

以上２つの売上影響についても、経理部に変更を要望しました。

原価だけでなく売上でも見直しが必要！

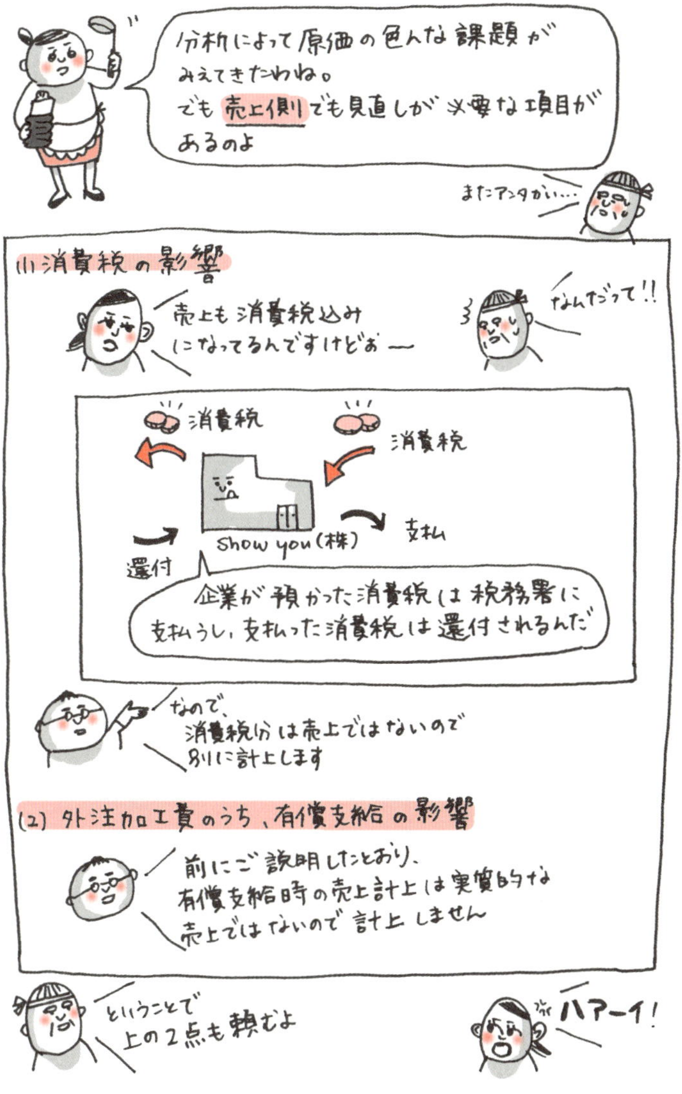

分析によって原価の色んな課題がみえてきたわね。
でも売上側でも見直しが必要な項目があるのよ
またアンタかい…
(1) 消費税の影響
売上も消費税込みになってるんですけどぉ—
なんだって!!
消費税
消費税
還付
Show you(株)
支払
企業が預かった消費税は税務署に支払うし、支払った消費税は還付されるんだ
なので、消費税分は売上ではないので別に計上します
(2) 外注加工費のうち、有償支給の影響
前にご説明したとおり、有償支給時の売上計上は実質的な売上ではないので計上しません
ということで上の2点も頼むよ
ハアーイ!

55

分析のまとめ
しっかり採算を見直そう

原価管理の目的は会社価値の向上にある

これまでの分析のまとめとして、実施してきた分析の方法を振り返っておきましょう。

①分析対象の原価について、明細ベースで前期などと比較する。

↓

②前期から大きく増減している項目を把握する。

↓

③増減理由を担当部署に質問する。

↓

④質問の回答を吟味して、改善が必要な場合には改善要望を出す

今回の例では、前期実績と比較していますが、当期予算と比較することや上期と下期で比較することも一般的です。

④については、ここで挙げたのは解決策も含めて例にすぎず、実際にはさまざまな事象が考えられます。

原価管理は、採算を見直すことによる会社価値の向上を至上命題としているわけですから、どのように取り扱うべきなのかは、分析者の腕の見せどころと言えるでしょう。

分析方法を復習しよう!

分析方法のおさらい
(1) 分析対象の原価について
明細ベースで前期などと比較する
前期
当期
フムフム
(2) 前期から大きく増減している項目を把握する
前期
10
当期
1,000
なぜじゃ
どうしたんじゃ?!
(3) 増減理由を担当部署に質問する
なぜじゃ
どうしたんじゃ?
1,000
んーと
(4) 質問の回答を吟味して、必要な場合は
改善要望を出す
なるほど…
では、
改善して
くれ
ハイ
ココがワシの
腕の見せどころじゃ!!

56

次なるミッション！「損益分岐点比率」を下げる!!

販売費・一般管理費も含めて損益分岐点を考える

原価を分析することによって、あぶりだされた課題は各部門に伝達され、改善計画が進んでいます。これで損益改善プロジェクトは解散になるのかと思いきや、社長から別の指示がきました。

社長「先日、調味料メーカー経営者懇親会に出席したら、損益分岐点比率を下げるよう、いろんな施策にとりくんでいるらしい。みんな一定の成果が出ていると喜んでいた。そこで、損益分岐点比率を下げるとどのような成果がでるのか。当社では、どういった方策が考えられるのか、調べてくれないか。」

損益分岐点比率という言葉が出てきました。それについては、後ほど説明します。ひとまず損益分岐点について、第４章の内容を、もう一度おさらいしておきましょう。

原価は「変動費」と「固定費」に分類することができます。

さらに、「売上－変動費」を「貢献利益」と呼び、売上を積み上げることにより貢献利益を積み上げて、固定費を回収していきトントンになるときの売上金額を「損益分岐点」と呼びました。

なお、第４章では、原価を対象として損益分岐点を説明しましたが、現実には販売費及び一般管理費も含めて、利益がトントンになる売上金額を損益分岐点と呼びますので、本章では、販売費及び一般管理費も対象に含めて、変動費・固定費に分類して、損益分岐点を考えていきます。

損益分岐点について社長からの問いに答えるべく、さらに話を進めていきましょう。

固定費と貢献利益がトントンになるところ

損益分岐点のおさらい
(1) 原価を2種類に分類する
原価
変動費…受注したため発生する費用
固定費…受注してもしなくても発生する費用
(2) 貢献利益と固定費の関係に注目する
① 赤字の場合
変動費
足りないヨー
貢献利益
売上
固定費
② トントンの場合
変動費
損益分岐点
売上
貢献利益
固定費
固定費と貢献利益がトントンになる時の売上を損益分岐点と呼びます

57

固定費をイメージする

せっかく購入したならたくさん使わないと損？

定期券も買ったからにはたくさん使わないと

損益分岐点の議論において、重要なのは固定費です。

そこで固定費のイメージをつかむために、再度電車の定期券を例に挙げます。

人はなぜ定期券を購入するのでしょうか。別に定期券がなくとも電車に乗ることはできますが、頻繁に乗車する区間では定期券を購入しておくと運賃が安く済ますことができるからですね。

逆に言うと、定期券を買ったからには、たくさん乗らないと損をしてしまうことになります。

機械のほうが安くすむけどたくさん作らないと損をする

損益分岐点は上の発想を原価管理に活かすためのものです。

たとえばShow you(株)では、もろみを絞る機械を購入していました。江戸時代は機械がなく、もろみは人が手で絞っていたのだから、別に機械を購入しなくても醤油を作ることは可能です。

しかし、醤油メーカーは大量に醤油を製造するので、機械を購入したほうが、もろみを絞る人を雇うより安くてすむのです。

逆に言えば、機械を購入したからには、たくさん製造して販売しないと、損をしてしまうことになります。

どれだけたくさん製造して販売しないといけないかというのを、売上金額で表したものが損益分岐点です。

どれだけ作ってどれだけ売ればいいの？

固定費をイメージする
あの子、ずうっと乗ってるな
これで30往復目だわ…
となると、1回あたりの乗車賃は…
定期券
たくさん乗れば乗るほど、1回あたりの乗車代は安くなるわね
イミがあるかは別として…
頻繁に乗車する区間では、定期券を購入したほうが運賃が安くすみます。逆にたくさん乗らないと損をします。
これを Show you（株）に置き換えると…
これじゃいくつも作れないヨ！
もろみをはさんだ布をギューッと押してる
プレスさん
ギュー ッ…
しょうゆを絞る機械を買ったよ
Show
大量にしょうゆを製造するには、機械を購入したほうが、安くすみます。逆にたくさん製造して販売しないと損をします。
? ? ?
変動費
売上
プレスさん
貢献利益
オレたちをどれだけ作ってどれだけ売らなきゃいけないのか？
これを売上金額で表したものが
損益分岐点

58

固定費が足かせになる!?
固定費が多いほど損益分岐点が上がってしまう

足かせがどれくらいあるのかを示す「損益分岐点」

先ほどの定期券の例を続けます。私が大学に入りたてのころ、定期券を何ヶ月で買うのかを話していたことがありました。

通学は平日ほぼ毎日のため、普通に考えると６ヶ月定期を買ったほうが得です。しかし、ちょっと変わった人がいてこんな話を私にしたのです。

「６ヶ月定期を買ってしまうと毎日大学にこないといけなくなる。俺はそんな生活は嫌だから定期券なんか買わないよ」

別に大学をさぼることを推奨しているわけではありませんが、この話と損益分岐点の話はよく似ています。

Show you(株)はもろみを絞る機械を購入しました。購入したからには、たくさん醤油を製造販売しないといけなくなります。一種の足かせができてしまうこととなるのです。

では一体会社全体でどのくらいそういった足かせがあるのかというのを示すバロメーターが損益分岐点です。

もし仮に固定費が０であれば、損益分岐点は必ず０となります。そこから固定費が増えれば増えるほど、損益分岐点が上がっていくこととなります。

会社としては、損益分岐点が高いほど高い売上目標を立てなければならないため、できるだけ損益分岐点が低くなるように取り組むことが重要になります。

なるべく損益分岐点が低くなるようにしよう！

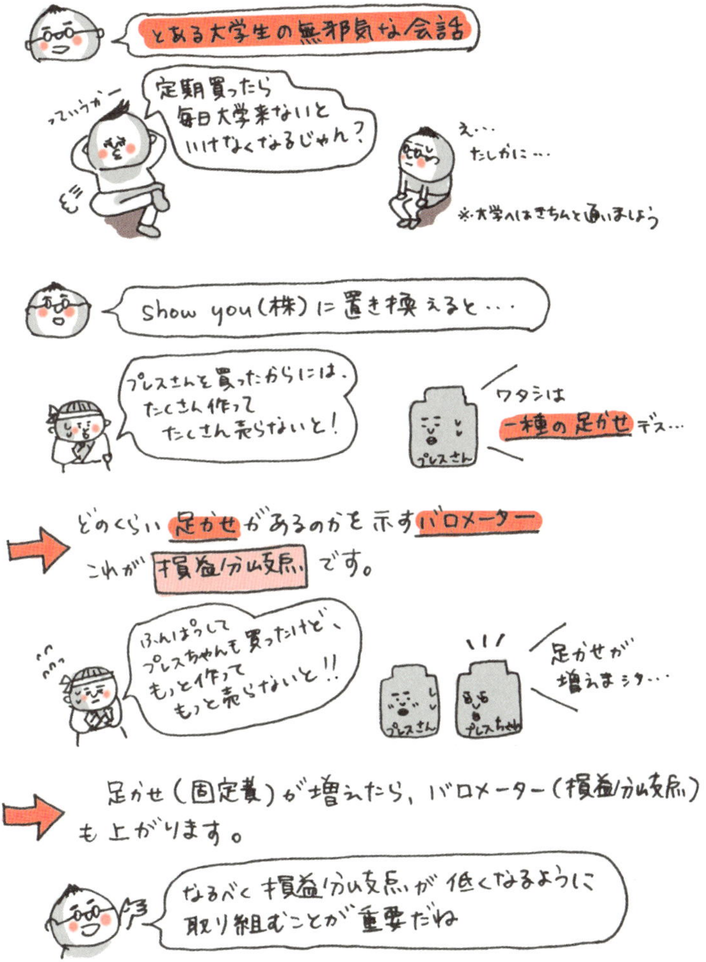
とある大学生の無邪気な会話
っていうかー
定期買ったら
毎日大学来ないと
いけなくなるじゃん？
え…
たしかに…
※大学へはきちんと通いましょう
show you（株）に置き換えると…
プレスさんを買ったからには、
たくさん作って
たくさん売らないと！
ワタシは
一種の足かせデス…
プレスさん
どのくらい足かせがあるのかを示すバロメーター
これが損益分岐点です。
ふんぱつして
プレスちゃんも買ったけど、
もっと作って
もっと売らないと!!
プレスさん
プレスちゃん
足かせが
増えまシタ…
足かせ（固定費）が増えたら、バロメーター（損益分岐点）
も上がります。
なるべく損益分岐点が低くなるように
取り組むことが重要だね

59

損益分岐点比率とは
実際の売上高と最低クリアラインの距離を測る

損益分岐点比率を下げよう！

損益分岐点比率は以下の式で表されます。

損益分岐点比率（%)＝損益分岐点÷実際の売上高

たとえば損益分岐点が15億円だったとしましょう。

会社は売上を日々積み上げていって、15億円までいけば固定費の回収が完了してトントンとなり、そこから売上が上がるほど利益が上がっていくこととなります。

いわば損益分岐点は最低限のクリアラインです。

最低限のクリアラインが現在の売上からどのくらい下の方にあるのかを見るための指標が損益分岐点比率となります。

①先ほどの例で実際の売上高が15億円であれば、損益分岐点比率は15億円÷15億円＝100%となり、ぎりぎりクリアとなります。

②実際の売上高が20億円だったら、損益分岐点比率は15億円÷20億円＝75%となり、これは随分下にあると言えるでしょう。。

損益分岐点比率が低いと、多少売上が減少しても利益を確保できるため、損益分岐点比率を下げる取り組みが会社で行われています。

損益分岐点比率のしくみ

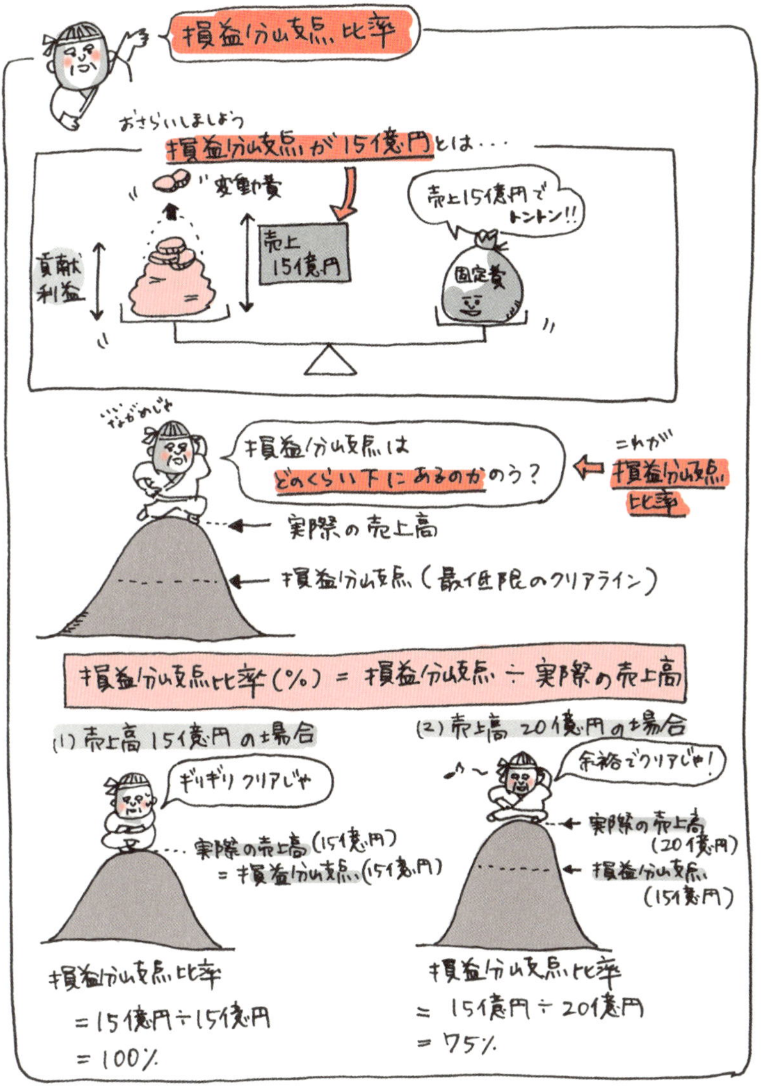
損益分岐点比率
おさらいしましょう
損益分岐点が15億円とは…
変動費
売上
15億円
売上15億円で
トントン!!
貢献
利益
固定費
いい
ながめじゃ
損益分岐点は
どのくらい下にあるのかのう？
これが
損益分岐点
比率
実際の売上高
損益分岐点（最低限のクリアライン）
損益分岐点比率(%) = 損益分岐点 ÷ 実際の売上高
(1) 売上高15億円の場合
ギリギリ クリアじゃ
実際の売上高(15億円)
= 損益分岐点(15億円)
損益分岐点比率
=15億円÷15億円
=100%
(2) 売上高 20億円の場合
余裕でクリアじゃ！
実際の売上高
(20億円)
損益分岐点
(15億円)
損益分岐点比率
= 15億円÷20億円
= 75%

60

損益分岐点比率を下げる方法

売上を伸ばす以外にもできることがある

固定費削減、または、固定費を変動費にする

さて、損益分岐点比率を下げるにはどういった方法があるのでしょうか。先ほどの計算例で挙げたように売上を増やせばよいのですが、売上を伸ばす方法は営業に関する専門書をご覧いただくとして、ここでは原価側での方法を取り上げます。主として２つの選択肢があります。

（１）固定費を削減する

固定費を削減すれば、その分貢献利益が少なくてすむため、損益分岐点比率は下がります。

（２）固定費を変動費にする

固定費を変動費にすることによっても、損益分岐点比率を下げることができます。（１）と同様に固定費削減分だけ貢献利益が少なくてすむためです。

固定費を変動費にする方法とは？

具体的に固定費を変動費にするための手法としては以下のような方法が挙げられます。

①正社員の代わりに派遣社員を登用する。
　これにより、給与が雑給となる。
②社内で加工処理を行う代わりに業者に依頼する。
　これにより、給与が外注加工費となる。
③購入していた機械をレンタルとする。
　これにより、減価償却費が賃借料となる。

「原価」でも損益分岐点比率が下げられる！

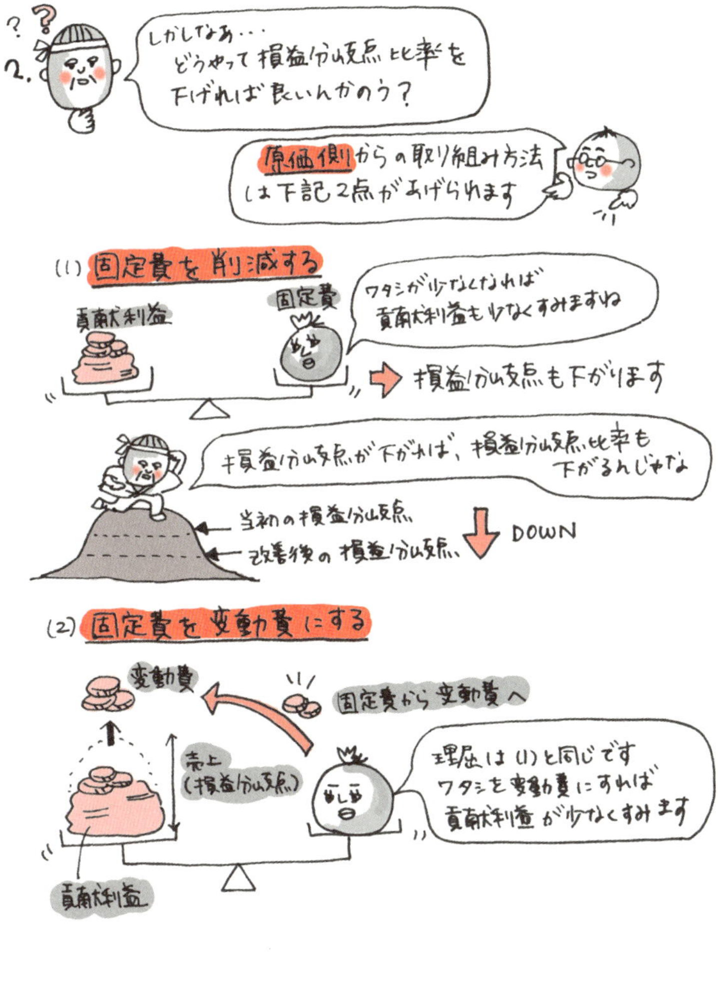
しかしなあ…
どうやって損益分岐点比率を
下げれば良いんかのう？
原価側からの取り組み方法
は下記2点があげられます
(1) 固定費を削減する
貢献利益
固定費
ワタシが少なくなれば
貢献利益も少なくすみますね
損益分岐点も下がります
損益分岐点が下がれば、損益分岐点比率も
下がるんじゃな
当初の損益分岐点
改善後の損益分岐点
DOWN
(2) 固定費を変動費にする
変動費
固定費から変動費へ
売上
(損益分岐点)
理屈は(1)と同じです
ワタシを変動費にすれば
貢献利益が少なくすみます
貢献利益

61

損益分岐点を算出する①

Show you(株)の損益分岐点は?

変動費と固定費を分解し算定する

Show you(株)の場合の損益分岐点を算出してみましょう。

当期の数字は現在修正協議中のため、前期実績データを用いることとします。

まずは、変動費と固定費の分解です。以下のとおり分類しました。

変動費：材料費、労務費のうち雑給、経費のうち外注加工費

固定費：労務費のうち雑給以外、経費のうち外注加工費以外、
販売費及び一般管理費

外注加工費など変動費・固定費のどちらかが明らかな費目もありますが、どちらの性質も帯びていて分類に苦慮する項目もあります。細かい内容まで検討せずにざっくりと分類すればいいでしょう。

次に、製品原価のうちに占める変動費の割合を算定します。

製造原価明細書から変動費の割合は、「変動費／当期総製造費用＝79.8%」となります。

さらに売上と変動費の割合（よく「変動比率」と呼ばれます）を算定します。この割合を算定して、売上の増減によりどれだけ変動費が増減するのかを求めます。

「変動比率＝売上原価×変動費の割合／売上高＝74.7%」となります。

そして、固定費を集計します。

「当期総製造費用のうち固定費＋販売費及び一般管理費＝404,600千円＋86,000千円＝490,600千円」となります。

損益分岐点を求めるために必要な要素

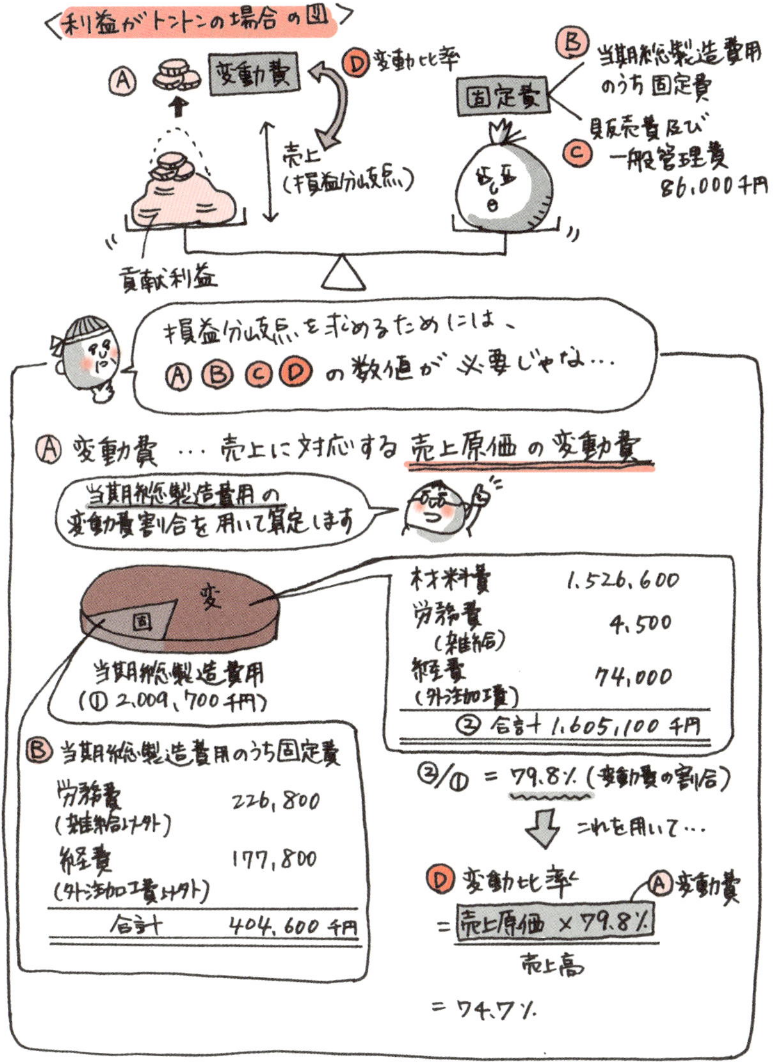

〈利益がトントンの場合の図〉
A 変動費
D 変動比率
固定費
B 当期総製造費用のうち固定費
販売費及び
C 一般管理費
86,000千円
売上（損益分岐点）
貢献利益
損益分岐点を求めるためには、
ABCDの数値が必要じゃな…
A 変動費 … 売上に対応する売上原価の変動費
当期総製造費用の変動費割合を用いて算定します
変
固
当期総製造費用（① 2,009,700千円）
材料費 1,526,600
労務費（雑給） 4,500
経費（外注加工費） 74,000
② 合計 1,605,100千円
B 当期総製造費用のうち固定費
労務費（雑給以外） 226,800
経費（外注加工費以外） 177,800
合計 404,600千円
②/① ＝ 79.8％（変動費の割合）
これを用いて…
D 変動比率
A 変動費
＝ 売上原価 × 79.8％
売上高
＝ 74.7％

62

損益分岐点を算出する②

簡単な方程式で算出できる

損益分岐点と損益分岐点比率を求める

前節で、計算のための要素はすべて出ました。損益分岐点を出すためには、以下の方程式を使うのがわかりやすいです。

トントンになるとは、利益が０になることですから、利益が０となるときの売上をＳと置くと、「売上－変動費－固定費＝０」となる時のＳを求めるには、「Ｓ－Ｓ×74.7％－490,600＝０」を解けばよく、「Ｓ＝1,939,130千円」となります。

つまり、1,939,130千円の売上を確保できれば、会社としては赤字にならなくてすむと言うことです。

さらに損益分岐点比率は、「1,939,130÷2,132,100＝90.9％」となります。

さて、この損益分岐点比率を下げるために、プロジェクトで検討して、下記のとおり固定費を削減するよう提案することになりました。

「販売費及び一般管理費のうち、交際費がかかりすぎているため、接待交際規程の見直しによって、5,000千円の削減を提案する」

次節で、上記による損益分岐点比率の改善について見ていきましょう。

損益分岐点と損益分岐点比率の求め方

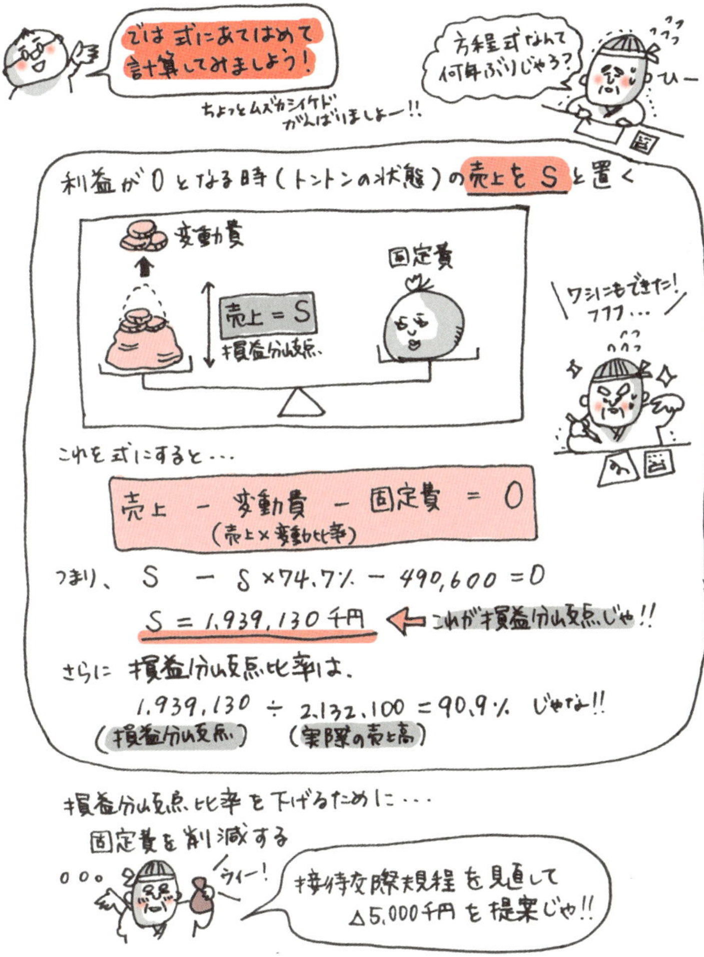

では 式にあてはめて 計算してみましょう！
ちょっとムズカシイケド がんばりましょー!!
方程式なんて 何年ぶりじゃろ？
ひー
利益が0となる時（トントンの状態）の売上をSと置く
変動費
固定費
売上＝S
損益分岐点
ワシにもできた！ フフフ…
これを式にすると…
売上 － 変動費 － 固定費 ＝ 0
（売上×変動比率）
つまり、 S － S×74.7% － 490,600 ＝0
S＝1,939,130千円
これが損益分岐点じゃ!!
さらに 損益分岐点比率は、
1,939,130 ÷ 2,132,100 ＝90.9% じゃな!!
（損益分岐点） （実際の売上高）
損益分岐点比率を下げるために…
固定費を削減する
ooo
ウィー！
接待交際規程を見直して △5,000千円を提案じゃ!!

63

改善効果の計算

固定費を減らすとどうなるのか

固定費が下がった結果、損益分岐点比率も下がった！

前節の提案内容が成功すると、固定費が5,000千円減少します。

変動比率、固定費は、それぞれ、

・変動比率＝売上原価×変動費の割合／売上高＝74.7％（変動なし）
・固定費＝当期総製造費用のうち固定費＋販売費及び一般管理費
　＝485,600千円

損益分岐点Ｓは、「Ｓ－Ｓ×74.7％－485,600＝０」を解いて、「Ｓ＝1,919,367千円」となります。

損益分岐点比率は、「1,919,367÷2,132,100＝90.0％」となり、0.9ポイント下がりました。

固定費削減による改善効果を測ろう!

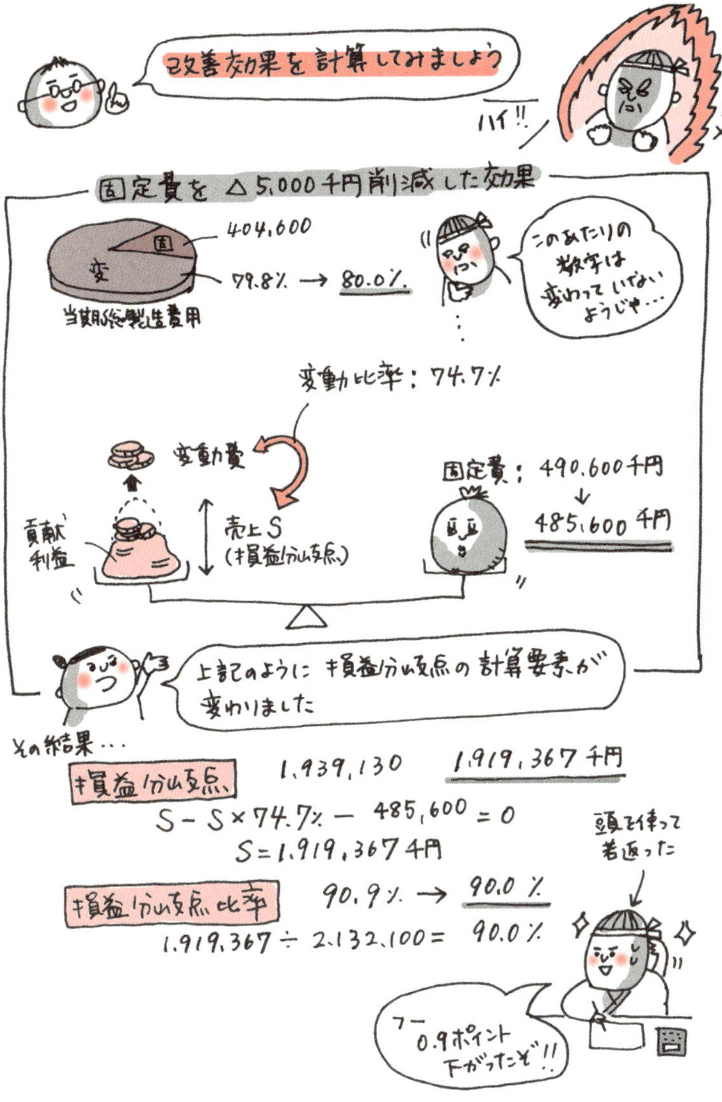

改善効果を計算してみましょう
ハイ!!
メラメラ
固定費を△5,000千円削減した効果
404,600
固
変
当期総製造費用
79.8% → 80.0%
このあたりの数字は変わっていないようじゃ…
変動比率：74.7%
変動費
貢献利益
売上S
(損益分岐点)
固定費：490,600千円
485,600千円
上記のように損益分岐点の計算要素が変わりました
その結果…
損益分岐点
1,939,130
1,919,367千円
S－S×74.7%－485,600＝0
S＝1,919,367千円
頭を使って若返った
損益分岐点比率
90.9% → 90.0%
1,919,367÷2,132,100＝90.0%
フー
0.9ポイント下がったぞ!!

64

最終的なプレゼン資料
Show you(株)の損益改善案

原価管理の成果を見よう

増収なのに減益になってしまっていたShow you(株)について見てきました。

まずは、損益計算書や売上原価明細書、製造原価明細書などを見て前期などと比較し、増減している項目を発見しました。

そして、各費目について情報を集め、分析し、改善の要望を出しました。

さらに、損益分岐点比率の改善案も検討しました。

その結果をいざ！　社長にプレゼンしましょう。

Show you(株)損益改善案まとめ①

社長!! 調査結果をご報告します!!
フム…
材料仕入高の増加
増税したからっス!!
税抜で数字をみるべき
材料棚卸高の減少
アラ？
ひーふーみー
実際数量と管理簿のズレ
差異分析と再発防止
労務費の増加
ボーナス増!!
前期分を当期に計上したのよ
支給対象期の原価にする
外注加工費の増加
有償支給すると業績あがると思って…
外注加工費は材料費に計上する
減価償却費の増加
たくさん計上していいって税理士さんが—…
原価管理目的では、通常ルールで計算する
へー 色々改善されたのネー♪

Show you(株)損益改善案まとめ②

損益分岐点比率を下げるどのような成果が出る？
損益分岐点比率を下げると
多少売上が減少しても利益を確保
できます！
実際の売上高
損益分岐点
当社の現状：90.9％
損益分岐点比率を下げる方策
固定費を削減
接待交際規程を見直して
△5,000千円を提案します
改善後：90.0％（△0.9％）
なるほど
よくわかった！
色々ありがとう、
ごくろうさま!!
ありがとう
ございます

Otsukaresama !

column 5

さらに原価のことを知りたい方へ
プロが厳選！　3冊の書籍

次のステップのためのオススメ書籍紹介

ここまでお読みいただきまして、ありがとうございました。最後に、この本を読み終えたあとに読める、おすすめ原価書籍を紹介します。

①もう一度読みやすい本を購入したい方へ
『絵でみる　原価計算のしくみ』（小川正樹著）

原価計算について、豊富な絵を用いて説明されており、大変読みやすい本です。

②もう少し詳細な計算方法を修得したい方へ
『初めてでもよくわかる原価計算』（野口由美子著）

総合原価計算、部門別計算、公式法変動予算など、本書で扱わなかった中級論点がわかりやすく記載されています。

③原価計算マスターとなるための原価計算のバイブル
『原価計算』（岡本清著）

原価計算の本として非常に有名な本です。原価計算をマスターするための最終書籍といえるでしょう。

著者略歴

吉田 延史（よしだ・のぶふみ）

京都生まれ。京都大学理学部卒業後、コンピュータの世界に興味を持ち、オービックにネットワークエンジニアとして入社。
その後、公認会計士を志し同社を退社。2007 年、会計士試験合格。仰星監査法人に入所。
2011年、公認会計士登録し、現在に至る。
ITエンジニア向けの会計入門記事『お茶でも飲みながら会計入門』(http://www.atmarkit.co.jp/ait/kw/tea_accounting.html) は、2008年から続く長寿連載となっている。
著書に『ITエンジニアのための会計知識41のきほん』（インプレスジャパン）がある。

ぐるっと！ 原価

2014年 11月29日　　第1刷発行

著　者　　吉田　延史
発行者　　八谷　智範
発行所　　株式会社すばる舎リンケージ
〒170-0013　東京都豊島区東池袋3-9-7　東池袋織本ビル1階
TEL 03-6907-7827　　FAX 03-6907-7877
http://www.subarusya-linkage.jp/
発売元　　株式会社すばる舎
〒170-0013　東京都豊島区東池袋3-9-7　東池袋織本ビル
TEL 03-3981-8651（代表）
03-3981-0767（営業部直通）
振替 00140-7-116563
http://www.subarusya.jp/
印　刷　　株式会社シナノ印刷

ISBN978-4-7991-0387-6